365日创意文案

送给平凡日常的礼物

[日] WRITES PUBLISHING 编　尹宁 译

浦睿文化　出品

前言

我们试着选取适合每一天、每一个季节的创意文案,将它们集结成册,于是就有了这本名言集,或许它能让你忆起人生重要之事。

文案的首要目的当然是宣传产品与企业魅力,
但促进消费,不是它唯一的作用。
许多文案能让人或观照自身,或重获希望。

"名字,也许是父母送给孩子的第一封信。"(百乐文具)
看了文具制造商的文案,你或许会想起"手写"之事的可贵。

"今天不怦然心动的人,下个月也不会收获心动。"(Lotte)
2月,你也许会在街头被这句话突然击中心灵。

"越美的樱花,越是经历了漫长的寒冬。"(东海旅客铁道)
3月里看到此言,刚刚绽放的樱花仿佛一下子变得不一样了。

"想死之时,正是活着的当下。"(净土宗 西林寺)
这句话,或许会成为痛苦时的一道光。

可惜的是，这些美好的只言片语，只能在限定的时段内见到，
而且只能在刊登广告的区域见到。
但是，若能将这些文案集结成册，
就能在任何时间、地点，于日常生活中看到了。
那么，也许会为忙碌的日常，增添些想起人生重要事物的瞬间。
正是在这一诉求下，我们制作了这本书。

不管你翻开的是今天、生日，还是随意偶然的一日，
都请尽情品味吧。

※ 商品、服务、文案都以刊载时的内容为准。
※ 部分文案没有注明使用年份及撰稿人。
※ 书中所有的"株式会社"、"有限公司"、敬称等均予省略。

若在人生途中迷失，那就扔掉地图重新上路吧。

1月1日

改变每一天，就是最大程度上的改变人生。

本田技研工业 | 报纸 2010 年　撰稿人：冈本欣也（OKAKIN）　荒木俊哉（电通）

元月1日，太阳没有升起时，照亮东方天空的光称作"初明"。看着新年第一天初生太阳的你，决定将怎样度过这一年呢？

1月 2

梦想要说出口才强大。

周刊少年 JUMP / 集英社 | 报纸 2014 年　撰稿人：小野麻利江（电通）

试着尽量多地将自己的愿望、决心说出来，或许能早日实现。另外，所谓 1 月 1 日的"初梦"，其实应该算是在 1 月 2 日这天做的梦吧。特别吉利的梦一属富士山，二是鹰，三为茄子。

1月 3

人们讨厌「剩下的」，却喜欢「剩下的最后一个」。

西武百货冬市 / 西武百货｜购物袋 2007 年　撰稿人：岩崎俊一

对同样的东西，角度不同，看法就会截然不同吧。放到人际关系中也是一样。"啰唆的人"也是"精力充沛的人"，"优柔寡断"也可以看作"深思熟虑"，从积极的角度看待他人的个性，自己也会变得轻松愉悦。

1月 4

必须及格
不吃零食
年内结婚。
用笔写下的目标，
再难懈怠。

守下书道会 ｜ 海报 2013 年　撰稿人：米田惠子

在纸上写下目标，贴在醒目的地方，就能在日常生活中时时自省，不会出现"今年的目标是什么来着？"的情况。1月4日是"御用始"，即日本官署开始办公的日子。

JANUARY 4

1月 5

时间的商人

有一位卖时间的商人。
"欢迎光临,请问您要买时间吗?
一分钟起卖。"
有位男人买了一小时,
他用这一小时看书。
有位女人买了一星期,
她用这一星期旅行。
有位老人问商人:
"我想买十年。"
商人说:"这位客人,十年的话,可是需要很多钱哪。"
"无所谓,给我十年。"
老人把这十年
给了他生病的妻子。

宝石钟表 长野｜海报 2005 年　撰稿人:冈本欣也(OKAKIN) 荒木俊哉(电通)

1 天是 86,400 秒。1 年是 31,536,000 秒。1 月 5 日结束,今年还剩 31,104,000 秒。就在此刻,时间也在一秒一秒地流逝……分毫不乱的秒针的声音,听起来像神的脚步声,让人们将时间的神圣铭刻在心。

1月6

忙，是因为还有许多想做的事。

Volvic+Vitamin / Kirin Beverage Company ｜海报 2015 年　撰稿人：中村真弥（电通）

家门口挂门松[1]的期间，叫"松之内"。通常关东地区是元旦到 6 日或 7 日，关西地区是元旦到 14 日或 15 日。这是段忙于拜年、新年聚会的时期，希望接下来一年，可以不被各种琐事缠身忙得团团转，切实完成自己想做的事。

1　门松，新年在门前装饰的松树或松枝。

1月
7

长大成人
其实很不错哦。

首先,大人没有作业。
能吃许多好吃的。
做自己想做的。
选择喜欢的工作。
能自己赚钱。
和喜欢的人结婚。
不错吧?
不过做大人最棒的是,
就算是成年了,
不管几岁,
无论多大,
只要想重新来过都可以。
尽情去做喜欢的事就行了,
真的不错吧?

福井报社 | 报纸 2008 年　撰稿人:古川雅之(电通关西支社)

这段广告语,用爷爷对坐在膝盖上的孙子娓娓道来的语气写就,广告末尾还标有"和家人聊聊吧。福井新闻"。1 月 7 日是吃七草粥[1]、祈祷丰收与健康的日子。去看望爷爷奶奶,只要看到他们有精神的笑脸就感到开心,这也是正月里的乐趣之一。

1　七草粥,1 月 7 日的早晨,日本有喝用七种食材熬的七草粥的风俗。

1月8

幸福总会出现在爱笑的人身旁。

23 区 / ONWARD ｜海报 2008 年　撰稿人：三井明子（旭通）

服装品牌广告。1月的第二个星期一是日本的"成年日"。成人礼上或见到变化很大的好友，或对几乎没有说过话的同学有了进一步了解。朋友彼此间的变化，都在欢笑间被重新认知。这或许就是成人世界人际关系的第一步。

1月 9

不达成功绝不放弃，便没有失败。

泽野工坊 | 海报 2012 年　撰稿人：山口有纪（电通关西支社）

泽野工坊原本是家鞋店，后改造成为爵士乐的厂牌。这一天是美国总统尼克松的生日，他也说过类似的话："失败不是结束，放弃才是。"

1月 10

人们从脸上看得出，你爱抄近路。

TOYOTA NEXT ONE // AUSTRALIA 2014 / 丰田汽车｜海报 2014 年　撰稿人：高崎卓马（电通）

丰田公司员工参与的 72 天环澳洲大陆一周（约 20000 公里）"走遍澳洲大陆"活动宣传语。另有"不走近路，会见到新的风景""感到恐惧，也正是视野开阔之时"等系列。

1月
11

人生得到最多支持的阶段，或许就是备考之时。

应考生脸上的神情真的很棒，你自己或许还没察觉到。

公交车上、补习学校回家的路上。

你，与从未承担过的巨大期待、重压以及不安奋战。

护身符、便当、手工编织的围巾。

家人、老师、朋友们在背后的支持，让你走向目标。

应考生是幸福的，你自己或许还没有察觉到。

稻田塾 | 报纸 2009 年　撰稿人：广畑聪（电通）

这是一条告诉考生们虽然是一人应考、背后却有无数人支持的广告语。另有"对于参加过临考阶段学习的孩子们来说，应考，就是青春""在这个时代，学习又能怎么样呢？但如果不学习，就肯定不会怎么样"等系列。

1月
12

在这个国度,邂逅的日益减少,
是否始于人们不再去滑雪场呢?

神立高原滑雪场|海报

1911年1月12日,澳大利亚莱尔希少将(Theodor Edler von Lerch)于现在的新潟县,指导陆军步兵连队的将校们滑雪。这一天据称是日本人首次学习滑雪技术的日子,因此被称为"滑雪纪念日"。

1月
13

社团活动中
学会的坚强
将体现在
你的试卷中。

给应试生的你：
直到夏天，你都在学习和棒球间奔忙。
棒球练习后的身体很重，
像要沉下去一般，眼皮也很重。
把困倦与不安扼杀在有点苦的咖啡里，
埋头做历年真题，天色一点点亮起来。
也许只有在感到极限，不行了的时候，
能再往前一步的人才会胜利。
连续三年参加的社团活动，让你懂得这点。
我们相信，
备战考试阶段的记忆，
在考试后的人生中，会继续鼓励你前行。
相信自己，来迎接最后一战吧。

早稻田 ACADEMY ｜ 海报 2017 年　撰稿人：涉谷三纪（旭通）

补习学校广告。正值大学入试时期。另有"在一个接一个的问题中，你会变得更强""答案都在你心中，剩下的只是写出来""无论怎样的答案，都是你花了一年解出来的"等系列。

1月 14

感到艰难，
正是成长之时。

大学入学考试结束了。接下来还有复试。

虽也有不安与压力，

但感到艰难，正是成长之时。

在体育界，感到自己被逼入极限，

就是或力量爆发，或破个人纪录，

有令人难以置信的表现之时。

学习也一定同样。

就在现在，引爆你的最大可能。

东进补习学校 ｜ 报纸 2017 年　撰稿人：福井秀明（电通）中田有（同前）

每年这个时期，日本各地有超过 50 万的年轻人参加大学入学考试。能够克服"好痛苦""已经不想坚持了"等负面情绪，就能迎来成长与成功。或许，人生和考试都是如此。

JANUARY 14

1月
15

所有妈妈，
都是全职妈妈。

抱抱妈妈 | 海报 2015 年　撰稿人：小森谷友美

"抱抱妈妈"是一个提供育儿支持服务的机构。1 月 15 日也叫"女正月"，是犒劳终于忙完新年时期的主妇们的日子，也被称作"小正月"。

1月 16

谈得辛苦的恋爱不如不谈，
走哪条路没有未来？

居酒屋洋子｜海报 2015 年　撰稿人：胜浦雅彦（电通）

另外还有"说了谎就要说一辈子？那么谎言会变成现实""'我会和老婆离婚'这句话和'有时间就去'一样不可信"等一系列真实描绘男女关系的广告。

1月 17

地震的发生,不是『假设』而是『前提』。

MITSUBISHI ESTATE HOME ｜ 海报 2015 年　撰稿人：谷野荣治 (LIGHT PUBLICITY)

1995 年 1 月 17 日早晨发生的阪神大地震，死亡人数超过 6000。志愿者在这次地震中发挥了重大作用，因此，这一天在日本被定为"防灾与志愿者日"。你家里的防灾装备都齐全了吗？

JANUARY 17

1月
18

您是我的妈妈
太好了。

山脉投下美丽的影子，在这片阴影中雪原延展向远方。这是日本的米产地新潟。

优奈家在新潟开了一家牙科医院。

"总有一天，优奈还是离开这里去东京看看比较好。"

在父母的这番鼓励下，优奈考上东京的大学，开始了一个人的生活。和预想的精彩刺激相反，一个人的生活，寂寞的时候似乎更多。

一天结束时，不管有没有事，优奈总会给妈妈郁子打上40分钟电话。

毕业后，优奈按照自己的计划回老家工作。虽说是老家的工作，路上单程也要花一小时。成为公司新人的优奈要学很多东西，每天都忙得团团转。而唯一的力量源泉，就是妈妈做的和学生时代一样的便当，以及在家吃的美味的晚饭。社会上有形形色色的人，正因为如此，优奈才深刻体会到"我是被这个人养育长大的，实在太好了"。她真诚地笑着如是说。

家・爱・歌 / NTT docomo ｜ 杂志、报纸 2014 年　撰稿人：塚田由佳（电通）

这是从 2001 年开始连载的、展现手机联结家人关系的系列广告。为了避免事后后悔，有些事无论多不好意思都要做。其中之一就是向父母表达感谢。

1月
19

你生日那天,你的降生就是最大的新闻哦。

别看你现在一副我靠自己来到世上、
一个人长到这么大的样子,
你出生那天,你爸爸可是哭了呢。
在医院里,哇哇地哭得像只小狗。
或许你小子现在正值叛逆期,
或许这是成为大人的必经阶段,
可是你要记住,
小时候你笑了、站起来了、会说话了,
一点一滴都被家人当成宝。
世上没有不珍惜自己孩子的父母,
不想跟自己父母多说话也无所谓,
可是别干蠢事哦。

福井报社｜报纸 2008 年　撰稿人：古川雅之（电通关西支社）

这条广告的意思是,父母即便责骂孩子,担心孩子的心也不会变。1 月 19 日是松任谷由实、宇多田光等著名歌手的生日。

1月 20

我们和孩子说话的时间，
少到悲哀。

从你出生到现在，
已经过了六年的日日夜夜。
这期间，发生了很多事呢。
学会走路第一次飞奔过来的你。
摔倒了也咬紧牙关不哭的你。
对了，还有那次派你买东西，结果
把钱包弄丢，长时间坐在门口的你。
今后也会发生很多事情，
但是所有的你，我都喜欢。
可是昨天，
我看到了不想看到的画面。
你穿着婚纱，
和一个我不认识的男子笑容满面。
你凛然的面庞，

似乎在向我传达着什么。
当意识到这是梦，我就醒了。
不知为什么，我哭了。
不过，这也是没有办法的事吧。
再过一些年，
我的梦境就会成为现实。
所以让我们多说说话吧。
多小的事也没关系。
高兴的事。难过的事。痛苦的事。
多说说吧。
两个人能说话的时间，
比我们想象的还要少。
让我们一颗一颗，
吃着你最喜欢的糖，慢慢说。

甘露糖 / 甘露（Kanro） ｜报纸、海报 2016 年　撰稿人：大野政仁（大野政仁事务所）

甘露是诞生于 1955 年的糖果。"Kanro"一词来自于"天降甘露"的"甘露"。甘露糖中有酱油的成分，带有温暖的甜味，让第一次吃到这种糖的人也会不由想起家人，有着很温柔的味道。

1月
21

这是一个不与人见面
也能活得很好的时代。
反而令人有点
想与人相遇。

IMS ｜海报 2003 年　撰稿人：前田之巳（FUTURE TEXT）

IMS（Inter Media Station）是日本福冈市的综合型大商场。1 月 21 日被称作一年中最冷的节气（"大寒"）。寒冷时，人会出于本能相互靠近。所谓"寒冷的季节想亲近人的皮肤"是出于本能的声音呢！

1月22

成为主妇便会开始留意价格。
成为母亲则会注重产地。

猫头鹰早市 / 风来楼｜海报 2011 年　撰稿人：米田惠子

1 月 22 日是"咖喱日"。1982 年的这一天，在全国学校营养师协会的呼吁下，日本全国中小学供餐中出现了咖喱。对你来说，所谓"妈妈的味道"是什么呢？

1月
23

越是久经历练的匠人,
越会说自己还差得远。

日进木工 | 海报 2016 年　撰稿人:岩田秀纪

1 月 23 日是日本第一位获得诺贝尔奖的物理学家汤川秀树的诞辰。"活一日,就想前进一步"是他的座右铭。

1月 24

可以删除分手恋人的短信，
却不知为何
无法扔掉他的书信。

新生纸纸浆商事｜海报、报纸 2006 年　撰稿人：细田高广（TBWA 博报堂）

1871 年 1 月 24 日，日本颁布了邮政制度。这一年，还诞生了日本的第一批邮箱。当时邮箱叫作"书状集箱"或"集信箱"。

1月
25

女人一出生，就被强制加入了外貌协会。

SONOKO ｜ 海报 2015 年　撰稿人：桃井菜穗（TBWA 博报堂）

护肤品广告。1 月 25 日是日本的"美容纪念日"。虽然人们常说"不要用外表判断人"，但其实最初都是通过"看"来获得一定程度的判断的吧。所以我们要保持洁净，避免给他人带来不快。

1月 26

勇气，是在比上司早一步下班时使用的吗？

石川育儿支援财团 / 石川县 | 台历 2010 年　撰稿人：吉田一马（电通西日本广岛支社）

终于到了一年中第一个"不加班提倡日"（每月末的星期五）了。可是，2017 年有关"不加班提倡日"的调查显示，选择"不怎么赞成"和"不赞成"的人占 50% 以上。或许不加班的观念被大家接受还需要时间吧。

1月 27

畏惧失败的社会。
反复挑战的社会。
我们的国家，
如今是哪一种呢？

东京海上日动火灾保险｜报纸 2015 年　撰稿人：矶岛拓矢（电通）小山佳奈（同前）岩田泰河（同前）

1 月 27 日是日本的"国旗制定纪念日"。1870 年的这一天，明治政府颁布了"日之丸"国旗样式。关于失败和挑战，还有这样的格言："失败是挑战的必经之路。"进展不顺时，烦恼时，正是你在不断挑战的证明。

1月28

养狗之后，
原本只会被爱的孩子
懂得了爱人。

我的家乡玉川上水 | 海报、宣传册 2016 年　撰稿人：米田惠子

房地产广告。1687 年 1 月 28 日，德川纲吉颁布了"怜悯生物令"，正好与今日的文案契合。目前，日本的家养猫犬数共 980 万只，好像家养犬类数量有所减少（据 2016 年宠物食品协会调查）。

1月 29

若失败要趁早，那么就趁现在，不断挑战吧。

三菱 UFJ NICOS ｜ 海报 2016 年　撰稿人：村田彻（博报堂）

信用卡广告。1957 年 1 月 29 日，日本的南极区域观测队登陆位于南极东南部的钓钩岛 (Ongul Island)，并将这个岛上的日本基地命名为"昭和基地"。昭和基地平均气温为 -10℃。我们今日的种种，都是基于过去了不起的人们的挑战。

JANUARY 29

1月
30

邮件来往再多，不如喝一杯拉近感情。

三得利 | 报纸 2008 年　撰稿人：岩田纯平（电通）

1879 年 1 月 30 日出生的岛井信治郎，带着"发展日本的洋酒文化"的愿景创立三得利。如今该品牌的发展已经远超他的预期，广泛渗透至全日本，并为日本夜生活做出了杰出贡献。

1月 31

想要男人不出轨，比要世界和平还难。

居酒屋洋子｜海报 2015 年　撰稿人：胜浦雅彦（电通）

1 月 31 日是日本的"爱妻日"，来自日文中 1（ai）和 31（sai）的发音[1]。大家都知道，结婚 25 年为银婚，50 年为金婚，但可能少有人知道 1 年是纸婚，3 年是皮革婚。据说夫妇会在相应纪念日时相互赠送纸张或皮革。

1　aisai，日文中音同"爱妻"。

2
FEBRUARY

2月1

比参加婚活[1]，更接近结婚的，是一个人生活。

HOUSEMATE ｜杂志 2010 年　撰稿人：小林麻衣子（POOL inc.）

另外还有"喜欢的人，在看见你的身体前，会先看见你的房间""找房子，搞定了。恋爱的准备，也搞定了""想象着喜欢的人的喜好，来挑选房子吧"等系列。

1　婚活，指以结婚为目的积极参加各类相亲活动的行为。

2月
2

> 这是我想带女朋友回来的房子。
> 没有女朋友的人如是想。

at home ｜ 杂志 2011 年　撰稿人：大贯冬树（电通）

2 月正是为了新生活搬家的时期。准备 4 月开始一个人生活的人，到了这个时候如果还没定好房子就要有点心急了。但偏偏越是这种时刻，越会多出各种各样的想法而难以决定。

2月
3

随着年龄增长，
穿与年龄相称的衣服，
做符合母亲、祖母身份的事，
不做异于常人的举动，
这些无聊的所谓的常识，
已不再需要。

你应该更有个性。
华丽一点也好，大胆一点也罢，
坦荡地穿上你想穿的衣服。
当千人千面的个性鲜花般遍地开放时，
谁也没有见过的时代，就会向前迈进一步。

脱下年龄，
穿上冒险。

西武百货 | 报纸、海报 2016 年　撰稿人：上岛史郎（Frontage）

2月3日是"节分"。"分"是分界线，意味着季节更替。和只要每年吃得下的豆子数量增多就很高兴的小时候一样，不管年龄多大，过年总是令人开心的事。

2月
4

春天，总会在遇到新事物时，
遇见全新的自己。

atre ｜海报　撰稿人：川村由贵子　塚本大树

商场广告。正是"立春"时，从历法上说，今天开始就是春天了。新的人、事、物……有诸多际遇的季节开始了。

2月 5

累的时候，想想当年无比渴望得到这份工作时的心情吧。

FIRE / 麒麟饮料｜海报 2014 年　撰稿人：松尾卓哉（17junana）福本裕美

麒麟的罐装咖啡"FIRE"的广告。咖啡罐上有"给心一把火"的形象设计。疲倦的时候，是带着"就这样吧"的心态放弃呢，还是"接下来才是关键"的心情奋斗一下呢？就让这罐咖啡，给你助力吧！

2月
6

车站荞麦面店的排风扇，绝对是冲着我来的。

怎么想都会觉得过于巧合，只要人在站台，就会被酱油与汤汁袭人的香气击中。无论是发呆等电车时还是匆忙换乘时，即便当时附近没有店家，不知为何，都会有味道似有还无地飘浮在空气中。我的食欲开关，就于这一瞬间被香气开启了。一个人的话，只需拿出点勇气，也不是吃不上。但和男朋友约会时，就有点不合适了。从来只会撒娇说"想待在你身边"的女人，突然进入"想吃荞麦面"模式[1]，真是有点说不出口。那个香味香得不得了。怎么想都像冲着我来的。应该。肯定。

JR 东日本站内 / 东日本旅客铁道｜海报 2007 年　撰稿人：山口广辉（JR 东日本企画）

该条广告后续还有："女性们也请不要难为情，试试车站的荞麦面怎么样？"在寒冷的冬天，热腾腾的荞麦面能温暖身心。据说日本约有 32,000 家乌冬及荞麦面店（2014 年厚生劳动省发布）。

1　"身边"和"荞麦面"的日语发音相同。

2月 7

今年恋爱进展得比去年顺利，却不知为何感到无聊起来。

LOFT ｜报纸 2008 年　撰稿人：胜浦雅彦（电通）

另有"你的谎言我会相信，你的真心我会当作从不知道"系列。一周后就是情人节了，不仅限于恋爱，人生在很多方面，或许都是努力争取成功的过程比成功的瞬间更加快乐。

2月
8

有点在意，
很快就会
化作喜欢。

札幌 APIA / JR 塔｜海报 2014 年　撰稿人：赞良奈央子（电通北海道）

据说"心跳频率上升，恋爱感情也会升温"，要是跟喜欢的人一起乘云霄飞车、去鬼屋、做运动等，是不是相互间的心意也会更进一步呢？

2月
9

衣装带来自信,
信心招来福气。

札幌 APIA / JR 塔｜海报 2014 年　撰稿人：赞良奈央子（电通北海道）

人对身上穿着的衣服有信心，就会笑得自然，有种周身被幸福包围的感觉。2 月 9 日是"和服日"。
日本在经历了"不应该穿异国服装"的江户时代之后，于明治时代，在西乡隆盛等人的带领下展开
了日本人应该穿什么服装的讨论。自此，日本在穿着上从和服向洋装变迁。

2月
10

即便不结婚
也能活得很好。
这样的你
即便结婚
也能活得很好。

结婚,对人生来说真的是加分吗?
或许是减分呢?
工作比结婚更重要,一个人比两个人更轻松,
但一个人一直生活下去又很不安。
持有这种想法的人在增加。
但是,结婚不等于必须依赖对方活下去,
或许在婚姻中,精神独立的人会过得更好。

O-net | 杂志 2011 年　撰稿人:大前匡史(电通)

这条婚姻中介的广告语不否认单身,而是从读者思考今后人生方向的角度出发。每月 10 日是"天空求婚之日",据说情侣在乘坐直升机游览时的求婚成功率很高,定在 10 日是因为"十"和"天"的日文发音都为"ten"。

2月
11

给日本人的毒
来得更猛烈些吧。

嫌弃电车吊环拉手脏从不碰触的人,其实匪夷所思。
政治家带着与悲惨境遇无缘的脸,描绘理想,很容易受挫。
不意识到做好好先生何其罪过,必将在外交上惨败。
不知道什么是毒的孩子,才会对别人若无其事地下毒,
甚至对自己下毒,然后干脆地死掉。
或者将"因为不想被人讨厌"的诅咒加诸自身,
一点一点地,自杀式地活着。
好的毒则是药。接触毒、了解毒,有时能解毒,
有时候又会与别的毒相遇。
在这个过程中,免疫力和想象力在身体中温柔而坚定地生长。
坏到无可救药的人,基本上都缺少这两种决定性的能力。
那么我们的孩子,将会如何认识毒、认识人、认识世界呢?
这样说来虽有些突兀,但希望像立川谈志[1]那样的人能够永存世间。

宝岛社｜网页、报纸 2008 年　撰稿人：前田之巳 (FUTURE TEXT)

希望那些不懂什么是受伤、失败,不通情理的年轻人,都能趁年轻多经历一些事情。2月11日是"建国纪念日",是日本第一代天皇神武天皇即位的日子。

1　立川谈志,日本落语家。主持节目《笑点》成为著名主持人,之后更进军政坛。2011年因喉癌逝世。

2月 12

只懂得在游戏中冒险的人，无法成为大人哦。

粟岛观光协会｜海报 2010 年　撰稿人：日下部浩一（新潟博报堂）

真正的冒险，有游戏中难以体会的喜悦与不甘，会让孩子们成长。1984 年 2 月 12 日，冒险家植村直己成为世界首个冬季单独登上麦金利山的人。而在此前，他也取得过一系列成就，是日本首位登顶珠穆朗玛峰、世界上首位先后登顶五大洲最高峰的人。

2月 13

我们不要『想进好公司』的人，
我们要『想创造好公司』的人。

Dream match project / 经济产业会 日本商工会议所｜海报 2010 年
撰稿人：笠井刚（RECRUIT COMMUNICATIONS）

新人进入公司数年后，"以进公司为目的"和"进入公司有想做的事"这两种人之间的差距就会拉大。对前者来说，进公司是终点。对后者来说，进公司是开始。不过，如果你是前者，只需一个决心，就能将终点变为开始。

2月 14

今天不怦然心动的人，下个月也不会收获心动。

加纳巧克力 / Lotte ｜海报 2011 年　撰稿人：涉谷三纪（旭通广告公司）

在西方，情侣会在这天互赠礼物，日本则是从 20 世纪 50 年代开始，有女性在情人节送男性巧克力的习惯。那么，收（送）巧克力的年限到几岁为止呢？

2月
15

愿人生，
就像爱情故事。

我没有遵守和那个人的约定。对方是我有生以来爱的第一个异性，有生以来第一次在情人节送巧克力的对象，完美的人生导师。他有妻子，可我是真心的。但是，随着长大我却渐渐看到他的缺点——重要的时刻，他却在工作；控制欲强；越来越不能忍受因为我比他小，他就把我当成小孩看待；话说到一半突然被打断，以及长年在一起……于是，大学毕业后，我喜欢上了别人。对方有些地方像"那个人"。我决定跟这个人结婚。"那个人"对此什么也没说。婚礼定在2月14日。是新的恋人向我告白的纪念日。婚礼当天的早上，我和"那个人"单独见了次面，送给他临别的巧克力。"那个人"则送给了我数年没见的笑容。走在婚礼殿堂的中央，我心中反复浮现的都是和"那个人"的约定："长大了，我要做爸爸的新娘哦。"

明治｜报纸 2007 年　撰稿人：山田尚武（电通）

这则广告，看前半部分以为讲的是婚外恋，直到最后一句才明白原来是幸福的背叛。它告诉我们，不是只有恋爱才是爱情。

2月 16

在烦恼滋长的日子里，头发还是一样生长。人这种生物，意外地坚强。

WARP Hair Craft | 海报 2012 年　撰稿人：长冈晋一郎（北海道博报堂）

理发店广告。不管遇到多痛苦的事，人还是会感到肚子饿，还是会意识到头发生长，自己的身体还是会告诉我们正"活着"，这个认知让我们获得勇气。这一天是大隈重信的生日。他曾被暴徒袭击而不得不切掉右脚，是个负此重伤却连任首相的不屈不挠的政治家。

2月
17

知道自己『不知道』，
就是在学习进步的证据。

日本教育大学院大学｜海报 2015 年　撰稿人：谷野荣治（LIGHT PUBLICITY）

针对 55～74 岁年龄段的 1000 人调查显示，在谈到"如今你在为什么事情后悔"时，排名第一的答案是"如果多存点钱就好了"，第二位是"多学点东西就好了"。（*PRESIDENT*, 2012 年 11/12 月刊）

2月 18

跑着，跑着，
差不多该缓步慢行了吧？
不，要更快速地奔跑。

IMS｜海报 2003 年　撰稿人：前田之巳（FUTURE TEXT）

无论在学习、运动，还是工作方面，希望更好、能再接再厉的人，往往会斩获成功。2 月 18 日是物理学家恩斯特·马赫的诞辰，标识飞机飞行速度等的计量单位就是以他的名字命名的。1 马赫为 340 米 / 秒，与音速相当。

2月 19

学习的最大收获，就是变得更想学习。

"为什么一定要学习呢？""学习有什么好处吗？"相信很多人都听孩子问过类似的问题。

要给这些问题一个妥帖的答案绝非易事，因此大人们或直接否定说"你不用考虑这个问题"，或用"你好好学习自然就知道了"搪塞。不过，"你好好学习自然就知道了"这话也不全错。

好好学习后就会知道，还有更多东西需要学习。因此学习的最大收获或许就是保有持续学习的意愿。人的一生，就是学习的一生。道理简单却所言不虚。

日本教育大学院大学｜海报 2015 年　撰稿人：谷野荣治（LIGHT PUBLICITY）

不仅限于学习，在任何事情上，"做"与"不做"之间，都存在天差地别。2 月 19 日是天文学家哥白尼的诞辰。他在"地心说"的全盛时期，提出了"日心说"理论。

2月 20

> 20至30岁人的投票率为35%，
> 60至70岁人的投票率为75%，
> 如果你是政治家，
> 制定政策时
> 会向哪个群体倾斜呢？

读卖新闻｜海报2013年　撰稿人：户部二实（Karabiner）

对现实不满意时，与其抱怨政治家，不如去投票更能改变政治。1928年2月20日，日本举行了初次普通选举，但当时只有25岁以上的男性才可以参加投票，直到1945年女性才获得投票资格。2015年，日本将最低投票年龄限制从20岁下调至18岁。

2月 21

真正可怕的
不是暴力，
而是出于恐惧
保持缄默。

每日报社 ｜ 海报 2008 年　撰稿人：山田庆太（电通）

用恐怖或暴力手段让人保持沉默，最终只会让自己或身边的人陷入不幸。笔尖比刀剑锋利。1872 年 2 月 21 日，是东京的首家日报《东京日日新闻》(《每日新闻》的前身）创刊的日子。

2月 22

对我来说，禁止养宠物，就等于禁止有家人。

HOUSEMATE ｜杂志 2010 年　撰稿人：小林麻衣子（POOL inc.）

2 月 22 日因其日文发音与猫的叫声（nyan nyan nyan）相同，被定为"猫之日"。在当今社会小家庭化、少子高龄化的影响下，"宠物家庭"一说也渐渐得到推广。

2月 23

名字，也许是父母送给孩子的第一封信。

名字，只有寥寥一个或两个字，
所以才更令人烦恼。
想让孩子成为这样的人才，
不，只要他健康就好。
无论如何，感谢你来到这世上。

带着种种思绪铺开纸，
一边与腹中的小生命说着什么，
一边转动笔尖。
写了又写。想了又想。
然后，重新写。

如此慎重决定的名字，
无疑可看作父母写给孩子的书信。

孩子们会花上一生的时间，
慢慢地读，
思考父母写这封信时的心情。

在人的一生中，再也没有什么文字
像名字那样，反复在眼前出现。
对，再也没有什么书信，像这封那般
被反复读起。

百乐文具 | 报纸 2012 年　撰稿人：后藤彰久（电通）

每月 23 日的"2""3"发音与"信笺"相同，因此这一天被定为"书信之日"。文具品牌百乐的广告语，总会让人们记起手写之事的可贵。请自己再去查查他们的其他系列广告，读完之后，你一定会想向什么人，写出自己的所思所想。

写信的时间，
就是想着那个人的时间。

日本邮政集团｜海报 2009 年　撰稿人：富田安则（RECRUIT COMMUNICATIONS）

另有"虽说不好一句话，但能写好多信""不用电话不用邮件，有的事只能写信传达"系列。或许正因如今是很少写信的年代，写信才能更好地传达想法和心情。

2月
25

人生不能重来。于是有了电影。

Cinema Rise ｜ 海报 2011 年　撰稿人：涩江俊一（电通）

独立电影院广告。为电影中的人生牵肠挂肚，从而让自己的人生多了一份乐趣，这也算是电影的魅力之一吧。每年的这一时期，世界上最大的电影奖项奥斯卡颁奖典礼在美国好莱坞举行。日本第一个以演员身份获奖的人是梅木美代志，她获得的是最佳女配角奖。

2月 26

有不幸在，或许是件幸福的事。

海豚餐厅（DOLPHINS）/ 中井餐厅企画｜海报 2007 年　撰稿人：叽村辉美（空）

这家餐厅有款比利时啤酒名叫"不幸"。这一天生日的艺术家冈本太郎曾留下这样的话："边流血，边笑嘻嘻吧。"

2月 27

甜点
在下午3点时吃，
其实最不容易发胖。

据某有关新陈代谢的研究显示，
午后3点，是脂肪吸收最受抑制的时刻。
虽说任何时候都吃得下甜点，
但变得小腹突出就不好了。
偶尔早点下班给自己一个奖励吧。

atre ｜ 海报 2017 年　撰稿人：西川侑希（JR 东日本企画）

后文还有"每个月最后一个星期五 3 点回家吧"。这是"不加班提倡日"的广告。据 2017 年调查，
参加第一次"不加班提倡日"的人数约占总体的 17%，其中，在午后 3 点下班的占参与人数的 25%。

2月
28

一收到点心,
妈妈就很高兴地
放弃了减肥。

黑门小路 / 名铁·emuza ｜ 海报 2014 年　撰稿人：盛田真介（电通西日本神户支社）

石川县贩卖名牌糕点的黑门小路的广告语。看到这条广告，眼前会浮现出妈妈一边说着"难得人家送的"一边吃着点心鼓起的脸颊吧。2月28日是日本的"饼干日"。

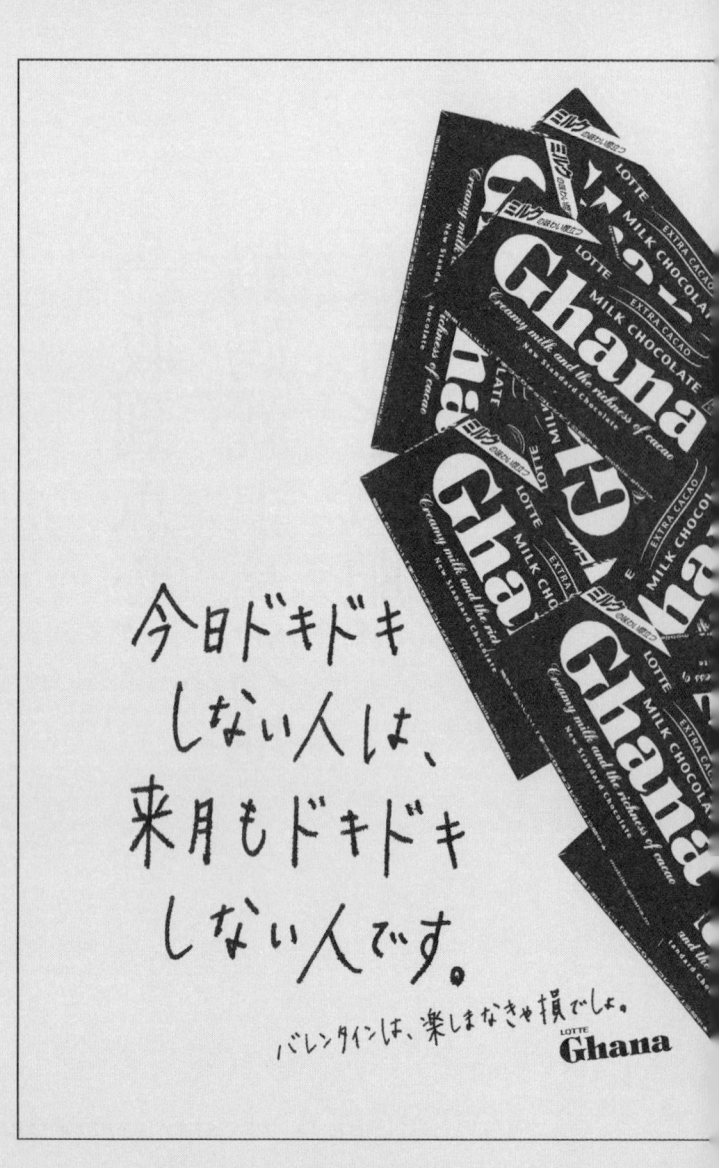

今天不怦然心动的人，下个月也不会收获心动。

LOTTE
Ghana
EXTRA CACAO
MILK CHOCOLATE
Creamy milk and the richness of cacao
New Standard Chocolate

愿人生，就像爱情故事。

3

MARCH

3月
1

做美人
不如做美好的人。

山形 / 东日本旅客铁道 ｜ 海报 2015 年　撰稿人：山口广辉（JR 东日本企画）

这条广告仿照父亲教诲年幼女儿的口吻写就。3 月 1 日至 3 月 8 日是女性健康周。这一周日本全国会开展诸多以女性健康为主题的活动，旨在让女性注重身心健康，做一个无论身体还是心灵都美好的人。

MARCH 1

3月
2

GIRL的欲望，
没有 GOAL。

札幌 APIA / JR 塔｜海报 2014 年　撰稿人：赞良奈央子（电通北海道）

3 月 2 日是米老鼠永远的女朋友米妮的"米妮日"。就在这一天，"因为是米妮日"而把自己装扮得可爱点，也无可厚非吧。米妮刚出道时，戴着的帽子上有一朵花。

3月
3

不是女子,
是女孩子。

我们女孩子,
生活在这个被人称作女子的时代。
我们并不软弱,但会时而动摇。
这是我们女孩子细致敏感的品格。
我们虽不强悍,但绝不低头。
这是我们女孩子积极向前的品格。
女孩子会一直在,即便成长为女人。
因为我们创造着,这世界上重要的一部分。

earth music & ecology / STRIPE INTERNATIONAL INC.

目录、海报(使用一部分)、报纸 2011 年　撰稿人:儿岛令子

日本自然系女装品牌广告。3 月 3 日是祈祷女孩健康成长的"女儿节"。自古以来就有在这一天将纸做的人偶放到河川或大海中漂走的习俗。而像现在这样家里摆放人偶装饰,则被认为始于江户初期。

3月 4

面向二十几岁人群的杂志上介绍的衣服，不是二十几岁人群能买得起的价格。

P-world M ｜杂志 2008 年　撰稿人：松田脩

与"想尝试时薪 1400 日元以上的打工吗"同属一个系列，是弹珠店的广告。想变得有钱的欲望，即便想消除，也很难。这种时刻，将欲望化为能量也不失为一种方法。现实中确实有欲望变成动力的例子。

3月
5

没有愿望，便没有悔恨的事，也没有开心的事。

阿含宗｜海报 2011 年　撰稿人：荻友幸（电通）

3 月是离别的季节。人们经历诸多"不想分开""还想见面"的情感，这或许也是人生正顺遂的侧面证明。只要有愿望，人就有生存的理由。

3月
6

我的小腹告诉我，并不存在什么另一个肚子。[1]

Nature maid / 大塚制药 | 杂志 2008 年　撰稿人：关阳子（电通）

3 月 6 日是发音取自 "3" 和 "6" 的 "苗条日"。也许你正琢磨着冬天吃多了，该减肥了，然而转眼就春去夏来。

———————

1　日文中有 "甜食别腹" 的说法。

3月 7

趁现在,
做不添堵的男人吧!
对了,我们说的是毛孔。

GATSBY / 曼丹 | 贴纸 2013 年　撰稿人:森昭太(电通太科)

这条语序倒置的男性护肤品广告,引发让人意外的效果。3月7日是"桑拿日"。男人们别说废话了,去蒸桑拿吧。据说蒸桑拿能加速血液流通、促进新陈代谢,乳酸等让人产生疲劳的物质也会随汗水流走。

3月
8

进入家庭的我,
可没有脱离社会哦。

U-CAN ｜ 海报 2014 年　撰稿人：宇野元基（博报堂）

3 月 8 日是"国际妇女节"。20 世纪初的美国，女性为选举权举行集会活动，从而有了该节日。

MARCH 8

3月
9

认真想来,
不管朋友还是恩人,
过去都曾是陌生人。

那个人也是,几年前还是连名字都不知道的陌生人,真没想到会变得这么要好。尊敬、嫉妒、给人添麻烦、被人添麻烦,与人的际会教会了我很多。这些经验塑造了今日的我。没有与你的种种,便不会有今日的我。谢谢你让我有了这些感触。什么时候我也能成为他人人生经历中的一部分呢?那么干杯吧。这一杯会成为人与人之间的联结。

G-NAVI ｜贴纸 2013 年　撰稿人:森昭太（电通太科）

美食搜索网站广告。这是一个因跳槽、换岗等变动,要参加许多送别会的季节。不时会有那种突然觉得麻烦不太想去了,或是本来不想去但去了之后意外地十分开心的经历。有多少送别会,就有多少故事。

3月 10

一个人住学到的东西，可能比在学校里学到的还要多。

HOUSEMATE ｜杂志 2010 年　撰稿人：小林麻衣子（POOL inc.）

与"我们的房子，正适合在校读书的你"是同一系列的房地产中介广告。另有这个系列："因为希望一直在一起，所以想要一处能让我们分开些许的房子。"搬家并不是单纯的地点变化，也有伴随期待与不安的心情变化吧。

3月
11

『加油』的下一句，如果是『我来玩了哦』会成为东北地区的力量之源。

大人的休假俱乐部 / 东日本旅客铁道｜海报 2014 年　撰稿人：山口广辉（JR 东日本企画）

2011 年 3 月 11 日发生了东日本大地震。这条广告语的结尾如下："对一步步开始走出灾难的旅游城市及商业街来说，接下来最重要的无疑是旅客了。来次'我来看看你'的震后支援之旅怎么样？"

3月
12

你所认识的福岛，
是怎样的福岛呢？

有人说，不给福岛改个名字，
是不是不利于灾后重建。
也有海外的人，
以为日本人都穿着防护服。
你所认识的福岛，又是怎样的呢？
在福岛，也生活着各种各样的人，
无法一言蔽之。
快乐的事。辛苦的事。
不全是一味的积极奋进。
有光明，也有阴影。
除了避难区域以外的地区，
一切如常。

有时间的话，请一定到东北来。
晃晃悠悠地，来福岛。
你会看到一个
没有被各种传闻扭曲的福岛。

它有好吃的食物、美丽的景色，
以及许多有待被你了解的事物。
它有许多有趣的人。
它有走向未来的孩子们。

你所认识的福岛，是怎样的呢？
在这个震后五周年的第一个清晨，
我想和你聊聊。

福岛的未来，是日本的未来。
一直以来，承蒙您与众人支持。
曾发生核爆的废弃核电站，
还在继续运作。
福岛之名不会变。
今后也请多关照。

真诚感谢你。

福岛县 | 报纸2016年　撰稿人：箭内道彦　井河进（电通）

2016年3月12日的报纸广告。愿"福岛的未来，是日本的未来"能传达到所有日本人的心里。

3月 13

希望你想起我的脸时,总是满面笑容。

甘露糖 / 甘露(Kanro) ｜报纸、海报 2016 年　撰稿人：森昭太（电通太科）

后文是"记忆中的那个表情,证明了我们一起度过的,都是幸福的时光"。这是描写幼年时期女儿与母亲之间的情感的广告。这份情感不仅存在于亲子关系中,在很多场景中也同样存在。

3月 14

『心灵比物质更重要。』说这种话的人,往往在物质面前不堪一击。

黑门小路 / 名铁·emuza ｜ 海报 2014 年　撰稿人：盛田真介（电通西日本神户支社）

3 月 14 日是"白色情人节",起源于 20 世纪 70 年代福冈市的糖果店向百货商场提出举办"棉花糖日"。据说契机是糖果店的员工在杂志上看到"没有情人节的回礼这不公平",遂有此提议。

| 3月
| 15

要穿舒适好走的鞋子，
因为人生尽是曲折路。

女鞋 FUJIYA ｜海报 2014 年　撰稿人：石本蓝子（电通关西支社）

还有"只选外表好看的会倒霉的"系列。3 月 15 日是"鞋子纪念日"。1870 年的这一天，位于东京筑地的日本首个近代鞋工厂开工。据说，当时制造的几千双鞋子中，能穿的不足 300 双。

3月
16

与其约定『要一直做朋友』,
不如一起去旅行吧。

青春 18 车票 / JR 集团｜海报 2014 年　撰稿人：石田文子（电通）

正是毕业的季节呢。和好朋友们去旅行，嬉笑谈天，不经意地眺望窗外……乘电车的旅行，无论是目的地还是沿途经停站，都能成为将来回忆的线索吧。

3月 17

为搬家感到寂寞,也算是幸福的证明吧。

HOUSEMATE | 杂志 2010 年　撰稿人：小林麻衣子 (POOL inc.)

人生中的大小事,多数既有好的一面,也有坏的一面。比如搬家虽然很寂寞,但那片土地上有关朋友的记忆,会深深刻在心里。每当觉得痛苦之时,仔细寻找一下深藏于痛苦背面的情感,或许会有不错的发现。

3月 18

爱人。
憎恶人。
到底哪一种
更令人心痛呢？

KTC中央高等学院｜报纸2010年　撰稿人：矢野弘数（三广）

和"烦恼、学习、高中生"为同一系列的广告。这条广告的答案，也许是"哪一种都令人心痛"。可是，真心喜欢他人，或者真心感到厌恶时的心痛、苦涩、憎恶、悲伤和其他种种情感，都会令心灵获得成长。

3月 19

「绝不允许失败。」
「失败了也没关系。」
哪种说法让人更有动力呢？

东京海上日动火灾保险｜报纸 2015 年　撰稿人：矶岛拓矢（电通）小山佳奈（同前）岩田泰河

另有"保险从冒险中来""有多少挑战就有多少保险""是接受挑战的人，还是对别人的挑战说三道四的人"等系列。近代的保险起源于海上保险。

3月
20

皮肤，别人看的时间总是比自己更久。

NOV / 常盘药品工业｜海报 2014 年　撰稿人：石本香绪里（电通名铁 communications）

3 月 20 日是日本的"防晒日"，源自"3"与"20"日文发音组合"sunny zero"。这个时节乍暖还寒，但日照时间已经开始渐渐拖长，到了该注意防晒的季节了。

3月 21

愿人生，
不在冬天，
而是在春天结束。

Hyldemoer ｜报纸 2004 年　撰稿人：岩崎俊一

配套养护服务的养老院广告。3 月 21 日是昼夜等长的春分。它被看作一个赞颂自然、怜惜万物生灵的日子。就像"无论炎热还是寒冷都还在彼岸"说的那样，从这个时期开始，气温愈发宜人。

3月
22

若别离令人坚强,
我愿软弱一生。

西日本典礼 | 海报 2012 年　撰稿人：西村麻里

举办葬礼的西日本典礼的广告语。虽道"子欲养而亲不在"，但也有人会在后悔之前，做该做的事。

3月 23

从构造上来说,熊蜂是飞不起来的。熊蜂对此一无所知,所以会飞。

23 区 / ONWARD ｜海报 2008 年　撰稿人：三井明子（旭通）

有时一无所知也会成为强大的武器。比如，新人在公司会议上突发奇想的建议引出话题，从而诞生了很好的企划。就像昆虫蜕皮那样，偶尔脱掉知识或习惯破茧而出，或许会看到不一样的风景。

3月
24

曾经那么烦心的钢琴，
如今每有烦心事
就会弹奏。

安藤钢琴教室｜海报 2011 年　撰稿人：岩田秀纪

现在的钢琴，是由 7 个白色琴键（哆来咪发唆拉西）和 5 个黑色琴键的重复出现组成。但是在钢琴刚刚诞生的 18 世纪，黑白琴键与现在是相反的。人长大后的喜恶会同小时候的截然相反，就像键盘一样，真是不可思议。

3月 25

人之所以会因明亮而安心,是因为光明代表着人的存在。

东京电业协会｜海报 2013 年　撰稿人：本田守武（RECRUIT COMMUNICATIONS）

3 月 25 日是日本的"电气纪念日"。1878 年的这一天,日本中央电信局在开局仪式上点亮了电灯。这是日本在公共场合初次点亮电灯,引来当时在场的 150 多人同时惊呼。

3月
26

你走的路，不是我要走的道。
我过的河，也不是你渡的江。

明天就要和朋友分别。
春天是希望。
春天是不安。
今后各自将见到不同的花，
捡拾不同的石头。
虽然寂寞，
但并不悲伤。
走吧。
将一只小野猫，
当成朋友。
与其担心，
不如活得有趣。
世间的人们，
都要走不同的路，
没有什么正确的路，
没有什么划算的路，
而是要看哪条路，
既艰辛又快乐。
仅仅是这样而已。

earth music & ecology / STRIPE INTERNATIONAL INC.
目录、海报（使用一部分）、报纸 2011 年　撰稿人：儿岛令子

在春天大放异彩的蒲公英会在 3 月开花，花期结束后，种子乘风飞向四处。因而蒲公英的花语之一就是"别离"。

3月 27

越美的樱花,
越是经历了
漫长的寒冬。

对了,去京都吧。/ 东海旅客铁道 │ 海报 2009 年　撰稿人:太田惠美

京都旅游广告。3 月 27 日是日本的"樱花日"。每年都会看到樱花,却各不相同。看到樱花时,人们不由会想,过去一年它经历了什么,接下来又将如何度过?在你看来,今年的樱花是怎样的呢?

3月
28

在东京，有喜欢的人。
在新潟，有爱过的人。

吉乃川｜海报 2011 年　撰稿人：安谷滋元（博报堂）

刊登在上越新干线里的新潟县日本酒藏元的广告。另有"工作了，还没有在东京的男孩面前喝过酒""来到东京，新潟就成了无可取代的故乡"等系列。

3月
29

喜欢那个看上去和东京格格不入的你。

吉乃川｜海报 2011 年　撰稿人：安谷滋元（博报堂）

经常听到"反差萌"这个说法。比如长相凶的人害怕小虫子、看起来很完美的人也有不中用的时候等，这些虽然是负面的，是缺点，却因为反差而形成正面的印象。或许，人就是看到他人软弱的一面便会心软的生物。

3月
30

凡有新开始,
不管几岁都算新人。

东京海上日动火灾保险 | 海报 2017 年

撰稿人：矶岛拓矢（电通）小山佳奈（同前）岩田泰河（同前）

这是一条让人自我反思是否受经验或自尊心制约而不再敢于挑战的广告语。还有"失败也会变为成功，这条街上的人是很强的""失败会唤来努力，所以也会唤来成功""趁你还输得起时，失败一次吧"等系列。

3月
31

小学五年级儿子的慢球。

公公和儿子玩投接棒球回来了。
"翔太,你的投球速度还是没赶上爷爷呢。"
"下次肯定不会输!"
我们家三代同堂。
我们夫妇都工作,
公公婆婆给我们带孩子帮了不少忙。
有天傍晚,儿子在车库不断往墙壁上砰砰砰地飞快投掷棒球。
"翔太已经能投那么快的球了啊。"
在一旁看着的公公不由地小声说。
"已经是小学五年级了呢。"
"跟我玩的时候可没那么快。"
"可能是因为今后也想一直跟爸爸你玩棒球吧。"
公公满面慈祥地看着身心都健康成长的孙子。
这样平常的一天,
就是我们三代同堂之家的幸福日常。

HEBLE 三代同堂住宅 / 旭化成 HOUSE | 报纸 2017 年 撰稿人:吉冈丈晴(博报堂)

1947 年 3 月 31 日,日本发布教育基本法和学校教育法,由此定下中小学义务教育,以及小学、中学、高中、大学的 6、3、3、4 年制度。从明天开始,大家的学年又要升一级了呢。

4
APRIL

4月
1

凡美貌的人说
『没做过什么保养』
都是骗人的。

Tipness │海报　撰稿人：服部贵之

健身房广告。4月1日是"愚人节"。在16世纪，新的一年始于3月25日至4月1日。法国瓦卢瓦王朝国王查理九世将新年定为1月1日，为反对这一决议，民众在4月1日庆祝"谎言的新年"，据说这是愚人节的由来。

4月 2

四月，我的第一印象由此诞生。

PAPA'S & MAMA'S │ 海报 2012 年　撰稿人：村川·Maltino·佑子

有的人第一印象不好，见过几次后却觉得很谈得来。相反，原本印象不错的人，也会渐渐变得难以应付。
与人初次会面时，我们都会紧张。但如果在见第二面、第三面时也能用点心，或许就会交到新朋友。

4月 3

人生，
不能一直奔跑。

或许你认为，休息这件事谁都会，其实不然。长大后，工作增加，休息时间被削减。这么努力，是出于责任，还是对工作的热情？似乎都不是。我不休息，是出于恐惧。害怕被淘汰，为了从这种恐惧中逃离，只好不断勉强自己。人这种生物，无论心灵还是身体，都是消耗品。如果不休息加满能量，是无法走完人生全程的。而把这一点传达给子辈或孙辈，不正是人生陪伴者爷爷的责任吗？

《孙子的力量》（2014年3月刊）/ 木乐社 | 海报 2014年　撰稿人：冈本欣也（OKAKIN）

每家公司，似乎都有那么一两个完全陷入麻烦工作中的人。如果你也容易在工作上用力过猛，将合理安排日程、好好休息也看作工作的一环怎么样？人生有些风景，一定是不停下来就无法看到的。

4月 4

「进好公司」的这个「好」是谁决定的「好」呢?

MYNAVI ｜海报 2013 年　撰稿人:山口广辉(JR 东日本企画)

求职网站广告。在 2018 年最受毕业生欢迎的企业排行榜中,文科的第一名是 ANA,第二名是 JTB 集团,第三名是 JAL。理科前三位分别是:索尼、味之素、资生堂。当然,受欢迎企业不等于好企业,好企业的标准在每个人的心中。

4月 5

有过诸多失败经验的年轻人，才能成长为被人爱的大人。

东京海上日动火灾保险｜海报 2017 年　撰稿人：矶岛拓矢（电通）小山佳奈（同前）岩田泰河（同前）

1958 年 4 月 5 日是长岛茂雄的棒球出道日。然而作为备受期待的黄金种子选手，他在出道比赛中的成绩是 4 打席 4 次被三振出局。经过苦涩的出道之战的长岛，之后却成了被人爱戴的英雄，外号"巨人先生"。

| 4月
| 6

开学典礼。
你一辈子的朋友,
正坐在某处。

立教大学｜海报 2014 年　撰稿人：前野岳允 (AZ,inc.)

这是一个路上和电车中都充满了新入学、新入职的新人稚嫩又炫目身影的季节。春天的季节语中,有"光明之风"一说,意思是连风都看起来闪闪发光。

4月7日

早期发现的最大天敌，
是『太忙了』等托辞。
（有点担心呢。）

Dr.LOUPE ｜杂志2015年　撰稿人：米村大介（电通）

Dr.LOUPE 提供医疗画像诊断服务。从诊断出癌症之日算起，5年后依旧存活的几率叫作"5年存活率"。很多癌症在早发现、没有扩散的情况下，5年存活率近90%，由此可见早期发现的重要性。4月7日是"世界保健日"。世界卫生组织在1948年的这一天成立。

4月 8

充满活力的新人,
能让身边的人都重回初心。
真是不可思议。

青山商事｜海报 2007 年　撰稿人：竹下雄一郎（电通西日本）

青山商事推广"洋服的青山"的广告语。过了 4 月第一周，不管是新生还是公司新人，都渐渐习惯了新生活。或许他们比你所想象的更仔细地在观察前辈们的行动和态度。

4月 9

若自己成长公司也会成长。

梦想之街项目 / 经济产业省 日本商工会议所

海报 2010 年　撰稿人：笠井刚（RECRUIT COMMUNICATIONS）

匹配招聘方和求职者需求项目的广告语。另有"虽然没什么根据，但我坚信自己有绝不言败的精神"等系列。有时候期待别人成长，自己就会停滞不前。而若能对自己抱有期待，自己也会成长。

4月
10

人们总把有没有『女子力』挂在嘴边，女子是靠『力』的吗？

earth music & ecology / STRIPE INTERNATIONAL INC.
目录、海报（使用一部分）2017 年　撰稿人：儿岛令子

很难定义什么是"女子力"（好像没怎么听过"男子力"）。但可能大家都喜欢的人，比起"女子力""男子力"，更重要的是拥有"人性力"吧。4 月 10 日是日本的"女性日"。1946 年的这一天，在第二次世界大战后初次总选举上，日本女性首次有了参政权。

4月
11

好好养育儿女，他们会茁壮成长。
这样大叔我就放心了。

经历了百年一遇的惊涛骇浪，公司今年也照惯例招了新员工。
初次见面时，反倒是我这个老员工，因为紧张说了些莫名其妙的"火星语"。
新人是个与人认真打招呼的诚实青年。说话时会看人眼睛，很可靠的样子。
遇到不懂的事，就老实地说不懂。最重要的是笑起来大声爽朗。
大家被他的未经世故感染，整个职场都变得充满活力。
虽然如今世上尽是不平事，也常听人说"如今的年轻人啊……"，
但这种抱有成见的说法，是不是该换换了呢？
或许如今的年轻人，比你想象中更可靠呢？
虽然说这是个养育孩子很辛苦的时代，但好好养育儿女，他们就会茁壮成长。
任时代如何变迁，不要慌。万事万物本该如此。
也要相信自己的孩子，年轻的新人让我这么想。

福井报社｜报纸 2009 年　撰稿人：古川雅之（电通关西支社）

4月11日是索尼创始人井深大的诞辰。他曾说过这样的话："双亲拼尽全力努力生活的姿态本身，会给幼小的孩子带来了不起的影响。"

4月
12

如果你在旅行中感受到了自己的无足轻重，那这趟旅行就来对了。

H.I.S ｜海报 2014 年　撰稿人：松井琢磨（电通）

旅行公司广告。4 月 12 日是"世界宇宙飞行日"。1961 年的这一天，苏联的宇宙飞船进入太空，这标志着人类首次宇宙航行的成功。当时 27 岁的宇航员加加林，将这份感动通过"地球是蓝色的"一语表达出来。

4月 13

「你变样了呀。」
听到这话固然高兴，
但也想听人说，
「你这样就很好。」

神户山手女子中学校·高等学校 | 海报　撰稿人：汤治健富（电通九州）

另有"好友和别人说话了。好像朋友被抢走的感觉让我讨厌。但这么想的自己更让我讨厌""在做鬼脸这件事上我绝不会输给别人。这样的我，在有男生的学校里恐怕没法发挥"等系列。

4月
14

曾经喝着便宜的酒，
遍谈梦想。
如今饮着昂贵的酒，
只谈金钱。

卡拉 OK 酒吧·樱花 ｜ 海报　撰稿人：佐藤司郎

作为生存、实现梦想的手段，金钱是必要的。但是从什么时候起，金钱从手段变为目的了呢？我是不是在为金钱活着呢？在居酒屋看着热烈地与他人谈论梦想的年轻人，我不由开始反省。

4月
15

老师是天才的
第一发现者。

孩子的内在,
必然隐藏着一个天才。

孩子们在开始一件事情之前,并不知道自己擅长什么,不擅长什么。

不擅长、不喜欢的事,他们很快就能自己察觉到。我们的孩子远比我们想的敏感。擅长的事则不同。不是所有擅长的事,都有乐趣。斩获一定的成果时,孩子也不知道这是否足够。而这些就是大人要发挥作用的时刻。

每个孩子,都是某一方面的天才。即便是小小的成果,也要好好发现、表扬,让他们察觉自己的优点,变得愈发积极向上。

不放过孩子每天的变化,帮助他们找到自己擅长的事物。我们希望做这样的老师。

日本教育大学院大学 | 海报 2015 年 撰稿人:谷野荣治(LIGHT PUBLICITY)

不仅是孩子,即便是我们想到自己的内在隐藏着一个天才,也会有点高兴吧。4月15日是达·芬奇的诞辰,以画家身份闻名的他,在建筑、数学以及其他领域都颇有建树,被称为"全能的天才"。

4月
16

人生和电影一样，因无法重来而有趣。

川越 SCLAZA ｜海报 2009 年　撰稿人：长谷川哲士

川越 SCLAZA 是日本川越市的老牌电影院。4 月 16 日是著名喜剧演员卓别林的诞辰，他曾说过这样的话："一个个地丢掉旧物，是找到所想之物的近道。"

4月 17

人，不可能只喜欢优点。

一九九三年的樱花赏[1]，是柳田约我去的。
要我说，柳田真是个有点可惜的男人，
虽然作为他的朋友这么说有点不妥。
柳田不管是脸还是身材都近乎完美，
穿衣饮食兴趣爱好品位俱佳，
为人却没有丝毫傲慢。
只是有个致命的缺点，就是不会算数。
拜这个缺点所赐，
他三次失恋，两度失业。
就连日常生活中的找零，
都难以顺利完成。

在赛马场，经人介绍认识的新女朋友
说希望织女能赢。
织女是左前脚向内弯曲的一匹马。
"就是这点才可爱。"女朋友欢腾着说。

一开始，织女就跑到第二的位置，
到了第四圈时，织女跑到第一位，
最后五十米中，它与雪美人争先恐后，

相互反超，最终拔得头筹。
我一时恍惚，
问正与女朋友高兴地抱在一起的柳田：
"赢了多少？"
他掰着两只手开始数。
柳田，这么算可算不清楚。
我正想这么说，
只见女朋友拿过柳田的左手，
用圆珠笔在他的手心写起算式。
女朋友微笑着恶作剧般地说：
"这可是藏在手心里的必杀技哦。"
柳田也笑着发出怕痒的声音。
两人的笑颜，映衬着太阳西沉。
织女，不是"明明脚弯曲反而被爱"，
而是"正因为脚弯曲，才被爱"吧。

柳田自然有许多让人羡慕不已的优点。
但在那个黄昏，
没有任何优点像他的不会数学那般，
令我艳羡不已。

樱花赏 / JRA｜报纸 2011 年 撰稿人：鱼返洋平（电通）

赛马中经常听到"Thoroughbred"一词，这是赛马中的一个品种，意为"经过彻底改良的品种"。或许正因为有这样的优良品种，有缺憾的马才反而有魅力、为人所爱吧。这一点和人一定是同样的。

---

[1] 樱花赏，日本中央赛马协会（JRA）于阪神赛马场举办的中央赛马重赏赛事。

4月
18

不为出格事,
便无新事生。

近畿大学农学部｜海报 2016 年

撰稿人：安井薫（进研 AD）纳健太郎（中野直树广告事务所）皆越章子（同前）

4 月 18 日是日本的"发明日"。1885 年的这一天，日本第一代特许厅长官高桥是清颁布了当今特许法的前身《专卖特许条例》。近畿大学首创人工养殖金枪鱼，申请了以"近大金枪鱼"为首的 1000 多个知识产权专利。

4月 19

正因为有想毁掉传统的人,传统才得以延续。

日进木工 | 海报 2016 年 撰稿人:岩田秀纪

讲究传统的店家或公司,往往会将他们的坚持一以贯之。不过,在其他许多方面倒是会顺应时代变化。或许,兼顾这两面才是它们超越时代被人喜爱的理由。

4月
20

书信可以到达没有信号的地方。

日本邮政集团｜明信片 2008 年　撰稿人：富田安则（RECRUIT COMMUNICATIONS）

4 月 20 日是日本的"邮政纪念日"，包含这天在内的一周是"邮票兴趣周"，日本邮政会发行特殊版本的邮票。全日本共有 186,000 个邮筒（2011 年调查数据）。偶尔写封信寄给重要的人怎么样？

4月 21

有育儿假,
这是理所当然的。
但能理所当然休假的公司,
却实属罕见。

日本邮政集团｜海报 2008 年　撰稿人：富田安则（RECRUIT COMMUNICATIONS）

日本男性休育儿假的比例是 3.16%，女性为 81.8%（据 2016 年厚生劳动省调查）。或许创造可以理所当然休假环境的，不是制度，而是我们的实际行动。

4月 22

其实，制造环境问题的正是我们。
而受害者，或许就是我们的子孙。

地球绿化中心日｜海报 2011 年　撰稿人：获友幸（电通）

另有"'环保'一词会让人产生什么都能解决的错觉，这反而有些可怕""人们都说地球危险，真正危险的其实是人类自己"等系列。4 月 22 日是"世界地球日"。

4月 23

比花更美的，
是赠予的心情。

花次郎 ｜ 海报 2007 年　撰稿人：叽村辉美（空）

花店广告。不管是赠送礼物还是接受礼物，都能留下美好回忆。4 月 23 日是"圣乔治日"，他是守护西班牙加泰罗尼亚地区的"守护圣人"骑士，这一天男性会送花给女性，女性会送书给男性。

4月
24

花，真的很坚强呢。
毕竟它们不会兀自枯萎。

花农屋 | 海报 2008 年　撰稿人：米村大介（电通）

这个时期，是油菜花与郁金香等色彩鲜艳的花盛放的季节。4 月 24 日是日本植物分类学之父牧野富太郎的诞辰，他在 94 年的生涯中为 1500 种以上的植物命名。

| 4月
| 25

穿着有品不如气味有品更增好感。

AXE / 联合利华｜海报 2017 年　撰稿人：水谷日出品（1 → 10design Inc.）

身体沐浴乳、身体香氛广告。后文是"调查了 100 名服装店员，（这个观点的）支持率为 87%"。另有"为了提前了解而拜访就职于那家公司的学长校友时，在众人之中，不知为何只记住了气味芬芳的男性社员"系列。

「你是新人吗?」
「你真的是新人吗?」
要为了如后者那般被询问而努力。

三菱 UFJ NICOS ｜海报 2016 年　撰稿人：村田彻（博报堂）

经历了短暂的培训后马上进入工作状态应对客户的社会新人应该不少。可能会紧张，会出错，但只要充满朝气和干劲，大多数人都会笑着原谅。同一系列另有："觉得是被甩锅还是被提拔，都取决于自己。"

4月
27

见不到人的时候，比见到之时，更增思念。

在平安时代，
对有过一面之缘却无机会说上话的人，
表达心意的第一步，就是送首和歌。
一如今日的情书。

沐浴焚香，展纸研墨，
所用物件无一不精致，无一不悉心，
将对那个人的思念付诸笔下。
正如那日所见树木发新芽、
彰显生之荣耀的情景，
与自己汹涌的情感重叠，
化为和歌。

人会将所思所想，经由手和心，
化为可见之物。
和歌，就是手作的赠物呢。
在人与人不能自由相见的时代，
正因为见不到的时间很长，
思念这个人的时间才会变得浓烈，
艳丽鲜明。

JAPAN TOBACCO INC. | 杂志　撰稿人：米田惠子

4月27日是日本的"羁绊日"。勿忘草盛放的4月，将"勿忘草"和"27日"的日文发音合在一起，正是"不要忘记这份羁绊"。勿忘草在英文中叫作"forget me not"。

4月 28

比起去原定的地方，
或许偏偏去了不想去的地方，
更能成就一次有趣的旅行。

H.I.S. ｜海报 2014 年　撰稿人：涩江俊一（电通）

海外游客最多的国家，以法国居第一，有 8260 万人；日本排名第 16 位，约 2400 万人（《2016 年世界各国 / 地区国人访问数排名》，日本政府观光局发布）。

4月 29

父亲说，
因为难得，
要买车站便当，
又因为难得买了便当，
要忍到发车再吃。

父亲有点奇怪。明明一直很忙，连节假日也要工作，却突然说想要两个人一起旅行。尽管妈妈做了便当，他却不肯带，说要买车站便当。明明邻座就可以了，他偏要面对面坐在窗边，还不肯让我马上吃便当，说难得买了车站便当要等到开车再吃。到底是为什么呢？平时如果我吃饭东张西望，父亲就会生气，今天却边吃便当边看着窗外说："果然还是这样好吃吧？"总觉得看起来很高兴的父亲，有点不一样。

JR 东日本站内 / 东日本旅客铁道｜海报 2007 年　撰稿人：山口广辉（JR 东日本企画）

车站便当能让旅行体验变得特别，令人对旅行多了一重期待，连到达目的地之前的时间也变得有乐趣了。4 月 29 日是昭和天皇的生日。昭和天皇也是位生物学家，以前天皇的诞辰被定为"绿之日"，2007 年因昭和天皇之故更名为"昭和之日"。黄金周开始了。

4月 30

人啊，只要不读书，就成了猴子。

宝岛社 | 报纸 2012 年　撰稿人：矶岛拓矢（电通）北田有一（同前）

4 月 30 日是日本的"图书馆纪念日"。黄金周期间，如果有想不出要干什么的日子，去图书馆看看怎么样？和新书相遇，就是和新的自己相遇。翻开平时不会看的书，也许会有平素未有的感情萌芽。

人，不可能只喜欢优点。

5

MAY

5月
1

社会人这个人种本就不存在吧。

居酒屋 Hokkori ｜海报　撰稿人：川村由贵子

在就职活动如火如荼进行的这个时期，就职活动并不只是"公司选择你"，也有"你选择公司"的机会。个人与公司之间认为"很吻合""希望共事"是很重要的。这样想的话，就不用勉强自己好好表现，展现平素的自我比较好。5月1日是劳动者的节日。

5月2

一个人,
比两个人在一起时,
更想你。

P-mate | 海报2010年　撰稿人：笹岛真祐子

女性时尚品牌的广告语。5月2日是"婚活日"。1985年日本35～39岁的未婚率，男性是14.2%，女性是6.6%。2015年时，男性为35%，女性为23.9%（2015年日本总务省《国税调查》）。是不是在这个时代，想着你的时间，和想着自己的时间，同样重要呢？

5月3

战后宪法修正，在同样的期间内，德国59次，日本0次。

读卖报社｜海报2013年　撰稿人：户部二实（Karabiner）

5月3日是日本的"宪法纪念日"，为纪念1947年的这一天日本颁布了宪法。在日本，宪法修正需要众参两院2/3以上、国民1/2以上投票赞成。

5月 4

总之先复印了再说,
总之先打印了再说,
和总之先把森林破坏了再说
是一个意思。

ART FACTORY ｜ 海报 2007 年　撰稿人：忽那治郎（电通）

不能挽回的事，多数都是由不经意的一句话造成的。5 月 4 日是"绿之日"，是为亲近自然，感谢自然恩惠，培育丰盛的心灵而设立的节日。占日本面积 60% 以上的森林中，40% 为人工种植。

5月
5

长成大人后,就会成为那种注意小事的人呢。

神奈川县儿童环境峰会 2010 年 / 日立制作所 横滨支社｜报纸 2010 年　撰稿人：北园修

5 月 5 日是日本的"儿童节"。在日本《国民节日相关规定》中有如下内容："在尊重儿童人格、谋求儿童幸福的同时，要感谢母亲。"

5月
6

初夏时我翻开秋季旅游书，书上的红叶景区，应该是现在新绿的胜地吧。

对了，去京都吧。/ 东海旅客铁道｜海报 2009 年　撰稿人：太田惠美

5月6日左右是立夏。从这天开始在历法上进入夏季，正是一个新绿闪耀、适合户外运动的清爽时节。沐浴着林荫间透出的阳光，欣赏绿叶在风中摇曳，真希望这个季节能一直持续下去，又希望真正的夏天快点到来。就在这奢侈的烦恼中，心神摇曳。

| 5月
| 7

闭上眼睛能看到的颜色,是音色。

清野百香 | 宣传单 2012 年　撰稿人：长冈晋一郎（北海道博报堂）

与眼睛所见的景色不同，音色给人提供想象的空间。人们听音乐时，可以依照个人的人生经验以及当时心情，在心中自由描画。或许这就是音乐的魅力吧。

5月
8

不合情理的事，让我变得坚强。

earth music & ecology / STRIPE INTERNATIONAL INC.
目录、海报 2015 年　撰稿人：儿岛令子

另外有"世界的复杂，令我们变得软弱"系列。黄金周结束后，是恐怖的"5月病"时期。"5月病"不是一个医学术语，而是表达人们结束长假后，处于无法适应新生活的忧郁状态。

MAY 8

5月9

我们结婚吧。
被这么告白时,
首先浮现在脑海的,
永远是故乡的父母亲。

吉乃川｜海报 2014 年　撰稿人：安谷滋元（博报堂）

5月9日是"告白日"。在日本,有情人节女性向男性告白、5月9日男性向女性告白的习惯。工作没有截止日期,可能难以推进。想告白没有机会,就会难以说出口。如果你也有意中人,不如计划一下,趁这天表白怎么样?

5月
10

若是一人背负，
它就是烦恼。
说出来则不过是笑谈。

SUN STUDIO OKAYAMA（孕期瑜伽）　｜海报 2015 年 撰稿人：米田惠子

人苦恼时，多希望能有人提供建议，或有人倾听。很多事情，跟人说说便能解决。所以，比起有烦恼，无人可倾诉更成问题。新生活[1]已经开始一个月了，差不多该找到能谈得来的朋友了吧。

1　日本的新学年、工作的新年度始于 4 月。

5月 11

我的身体，是松弛的吉祥物。

RENAISSANCE 青砥店｜开店纪念毛巾 2011 年　撰稿人：坂本爱（电通）桃林丰（同前）

健身房广告。市面上有许多减肥方法，比如限糖减肥、骨盆瘦身、进餐顺序减肥法等。但无论哪一种，都是尝试容易，坚持困难。5 月 11 日是日本的"地方吉祥物日"。

5月 12

有些令人讨厌的母亲，
才是刚刚好。

父母与孩子之间的关系，可能会因为一些事件变得完全不同。
对马渊一家来说，去年夏天最爱的父亲突然离世就是亲子关系变化的导火索。
友子说，以前对母亲可以很无所谓地就说出"讨厌你"，
那以后却再也不说了，因为不知道什么时候会发生什么事……
如今友子在下班路上，会每周一次给母亲打个电话。
虽然两人直接面对面时，多少还有些紧张。
可能从自己幼年时，母亲就很严厉吧。
但也许正因为有这样的母亲，友子才被培养成一个坚强独立的女性。
做泰式体操教练的友子，近期的梦想是去泰国留学，
从事在泰国传扬日本文化的工作。
直到病倒，父亲仍在精神满满地往来飞行于亚洲各国。
友子身上，流淌着父亲的血。

家·爱·族 / NTT docomo ｜ 杂志 2014 年　撰稿人：塚田由佳（电通）

黄金周里有没有和父母说过话？可能会被问这问那，偶尔被用你讨厌的口吻教训。可是，毕竟是养育自己至今的重要的人，还是想温柔地相处吧。5 月 12 日是"克里米亚的天使"南丁格尔的诞辰。

5月 13

看着母亲笑的我,更幸福。

母亲节 / 东武百货店 | 海报 2012 年　撰稿人：斋藤贤司（HONSHITSU）

5 月的第二个星期日是"母亲节"。起源是美国少女在母亲的墓碑上装饰白色康乃馨。喜欢的人快乐,自己也会变得快乐。随着年龄增长,是不是会觉得母亲看起来越来越小,越来越想让她感到高兴呢?今年,你送给妈妈什么呢?

5月
14

喜欢花这点,
像妈妈。
喜欢妈妈这点,
像爸爸。

母亲节 / 伊藤洋华堂 ｜ facebook 2014 年　撰稿人：门田阳（电通）

5 月 13 日我们介绍了美国少女在母亲墓前敬献白色康乃馨,现在则多是红色康乃馨。康乃馨的花语,白色是"我的爱一直都在",红色是"给母亲的爱"。

5月 15

找不到想做的事，
人生就算输了，
这种说法太夸张了吧。

你老爸我啊，觉得根本不用急。
自己想做什么，这种事不是那么快就能想明白的。肯定是这样。
爸爸我也是，工作快满三十年了，也不是很知道要干什么。
老是找不到想干的事儿。这就算输了？纯属扯谈。
可能因为如今世道不安定，所以大家都想尽快步入正轨。
其实正好相反吧。
就是因为身处这种世道，才需要像从前那样，
慢慢地，慢慢地，思考自己到底是谁、喜欢什么。
人生是很长的。
不知道会在哪里输，也不知道会在哪里赢。
想做的事，别管什么时候，找到了就好。
把眼前的事情做好，渐渐感觉有意思，好像喜欢上了，
于是找到了喜欢的事。这种情况也可行嘛。
你爸爸我，好像就是这样的。

福井报社｜报纸 2009 年　撰稿人：古川雅之（电通关西支社）

向着梦想一步步前进的人看起来闪闪发光。但是，没有梦想也没关系。只要真心对待自己必须做的事，说不定就会在不经意间找到自己的人生价值。

5月
16

看书时,想去旅行。
旅行时,想去看书。

NATSUICHI[1] / 集英社 | 海报 2010 年　撰稿人：太田祐美子（电通）

人生常被比作旅行，书则指引我们的旅途方向。5 月 16 日是日本的"旅行日"。1689 年的这一天，松尾芭蕉踏上了《奥之细道》之旅，而后写下"岁月乃百代之过客，流年亦为旅人"这一名句。

1　NATSUICHI，集英社文库的夏季读书节，意为"夏天的一册"。2010年的主题是"今年你也是书虫"。

5月
17

判断是否合适之前，先试试如何？

博多 DEITOS｜海报 2010 年　撰稿人：北川让

这是一条博多站综合商业设施的广告语。它告诉我们，许多事不去尝试，便不知能否做到。5 月初夏的暑气叫作"薄暑"。"薄暑"是在真正的酷暑到来之前，暑气没那么严重、相对舒适的时期。这个夏天，尝试穿些与去年不同的衣服如何？

5月 18

和喜欢的人在一起时，
那个讨厌的自己就会出现。

P-mate ｜海报 2010 年　撰稿人：笹岛真祐子

和喜欢的人在一起，因自己的情感过于强烈，会不由地要求对方的情感对等，或者因太过在乎、怕听到对方的真心话而选择逃避，也会气恼自己的无法坦诚。过于依赖一个人时，或许正是最无法信任对方的时刻。

5月 19

『今天是乘深夜巴士来的。』
听到面试的人这样说，
会想无论如何先留用试试吧。

高速巴士 / 西日本 JR pass ｜海报 2015 年　撰稿人：船引悠平（JR 西日本 COMMUNICATIONS）

乘深夜巴士面试的人，总会有诸多担心吧，如衬衫和西装会不会变皱、什么时候能洗澡等。不过为这些花费的时间与心力，是不是可以为面试加分呢？

> 职业棒球员的第一个本垒打,
> 一定诞生于击球练习场。

竹之塚练习场｜明信片 2009 年　撰稿人：长谷川哲士

5月20日是王贞治的生日。他职业生涯的第一个本垒打,诞生于出道后第二十七打席。在22年的职业棒球生涯中,他共打出868个本垒打。从少年时期开始舞动球棒到创造出这个纪录,其间一定经历了几百万次的挥棒练习。

5月 21

人生不过是对小学内容的复习。

西日本报社 | 报纸 2015 年　撰稿人：久富和寿（CS 西广）

1869 年 5 月 21 日，日本第一家小学建校。如今我们再回看学生时代，会明白——识字、计算图形的面积、背历史知识，这些自然都是学习，但在运动会、各种社团活动，甚至休息时间中也学会了许多有关生存的知识。

5月 22

擅长寻找不做一件事的理由后，人就会停止成长。

GLIP / RECRUIT CAREER ｜ 海报 2014 年　撰稿人：富田安则（RECRUIT COMMUNICATIONS）

2003 年 5 月 22 日，三浦雄一郎以 70 岁零 223 天的高龄登顶喜马拉雅山，成为当时世界上达成这一壮举的最年长者。在后来的 75 岁、80 岁，三浦也持续刷新了纪录。他曾说："目标改变人生。"

5月23

书信,能将『软弱』变为武器。

日本邮政集团 | **名片 2008 年**　撰稿人:**富田安则(RECRUIT COMMUNICATIONS)**

5 月 23 日是日本的"情书日"。据 2015 年保险公司关于是否收到过情书的调查,50〜60 岁女性回答"收到过"的比例占 50% 以上。但是 20—30 岁女性收到过情书的比例,却下降到不足 20%。

5月 24

选择信笺。
写下文字。
誊写清楚。
写住址。
贴邮票。
扔进邮筒。
收信的人知道
你所花的这番工夫,
所以收到信笺时特别开心。

梅园会｜海报 2014 年　撰稿人：米田惠子

这是招募钢笔书法会员的广告。在邮件或社交网络中,只需"打字"一步就能解决的问题,写信却要花上六步。在这个有种种便利的世上,花费工夫显得弥足珍贵。

5月
25

主妇也要退休。

早晨南方文化社团｜海报 2009 年　撰稿人：米田惠子

5 月 25 日是日本的"主妇（主夫）休息日"。另外 1 月 25 日、9 月 25 日，也是同样的日子。虽然人们常说"主妇没有假期"，但若能让他们都好好休息一下，或者有一句抚慰的话语，第二天就又能打起精神努力了。在这一点上大家都是同样的。

| 5月 26

商务英语和普通英语的区别，就如同蟹肉和蟹肉棒。

Berlitz Japan ｜ 海报 2012 年　撰稿人：北田有一（电通）小川花人（同前）

螃蟹的英文是"crab"，蟹肉棒的英文是"crab stick"。鱼糕（kamaboko）也叫作"boiled fish paste"。

5月 27

蚊子开始吸血的温度是15℃，因此5月特别危险。

Fumakilla ｜海报 2015 年　撰稿人：大贯冬树（电通）

杀虫剂广告。另有"无论是通风口还是纱窗，对蚊子来说都等于大开的门户""鼻息、汗、体味，蚊子总会在难以控制的东西上聚集"等系列。世界上有 3000 多种蚊子，其中叮人的占 3/4。

5月28

生活用品什么的,
都自动摆在该在的地方。
这就是老家的生活。

三井住友银行 | 报纸 2011 年　撰稿人：玉山贵庚（电通）

另有"有困难对父母说,他们总能帮忙。但觉得不该过于依赖父母""拿到这个月的生活费,今后都要靠自己了"等系列。

5月 29

无论平日走路多么着急，
穿和服的日子，总会慢慢走。
就连吃饭的方式、坐姿，
乃至一个个小动作，都变得有些小心谨慎。
是的，和服就是能展现生存方式的服装。
即便年轻貌美的人，
也未必适合和服。
但也许80岁的老奶奶，穿上和服的样子无人能及。
这是件令人高兴的事。
为了能更好地配上和服，
要好好生活。

穿着，就是人生。

长沼静和服学院 ｜ 杂志 2006 年　撰稿人：小山淳子

"生存方式"听起来似乎有些夸张，但就餐方式、坐姿等微小的行为举止，积累起来就构成了人的生存方式。5 月 29 日是日本的"吴服日"。"吴服"指的是从吴国（中国）传来的织物，现在则多作为和服的意思使用。

5月
30

人生只有血压正值盛年。

胡麻麦茶 / 三得利 | 海报 2007 年　撰稿人：下东史明（博报堂）

另有"体检时得知血压数字，不由得血压上升""起床气的早晨，只有血压情绪高涨"等系列。收缩压大于 140mmHg、舒张压大于 90mmHg 为高血压（日本高血压学会）。据说日本每三人中就有一人是高血压。

5月 31

『可以抽烟吗?』
被这么问时,
谁又能说不呢?

校内禁烟行动 / 立命馆大学｜海报 2011 年
撰稿人：**大林孝明**（tiger tiger creative） **洼田伦明**（大阪宣传研究所）

不只在吸烟这件事上，在征求他人意见时，也一定要注意不能以获得同意为前提。对方回答"可以"时，或许隐藏着"可以，不然我还能说什么"的含意。5 月 31 日是"世界禁烟日"。

6
JUNE

6月 1

> 在这个即便不结婚也能幸福的时代,我,还是想和你结婚。

zexy / Recruit Holdings | 电视广告 2017 年

婚庆公司广告。罗马神话中的朱诺（Juno）是 6 月（June）的守护女神。"六月新娘"（June Bride）的由来,既有人说源于朱诺是结婚的象征,也有人说源于欧洲的 6 月是雨水最少晴天很多的时期。

6月2

为人父母后会觉得，做溺爱孩子的父母也很不错。

格力高幼儿饮品 / 格力高乳业 | 杂志 2005 年　撰稿人：石田文子

还有"最辛苦，最麻烦，最担心，最重要""太阳、怪兽、天才、天使，这些全都是你"等描绘有幼年孩童父母心情的系列。6月2日是日本的"尿不湿日"。

6月 3

第一次用他的姓，
是预约婚礼场地时。

Arc en Ciel Group ｜海报　撰稿人：漆畑阳生（CLINT）

婚礼场地广告。与"只是来看场地，却不由将手机设置成静音模式""父亲和他站在一起，居然显得那么小""看到他父亲的发量，也等于看到了他的未来"等系列，都是有关婚礼场地的广告语。6月的第一个星期日，是日本的"求婚日"。

6月
4

最不痛的治疗，就是预防。

东田齿科｜海报 2015 年　撰稿人：山田弓子

6月4日至10日是日本的"口腔健康周"，通过宣传让人们注重口腔科疾病的早期预防及治疗。虽然去看口腔科很麻烦，总令人迟迟不愿意去，但是比起治疗，还是预防更理想吧。这个季节，去见见牙医怎么样？

6月
5

女人，还是人生后半程美丽更占便宜。

C1000 / HOUSE WELLNESS FOODS CORPORATION ｜杂志 2009 年　撰稿人：薄景子（电通）

6月5日是日本的"老年日"。2016年日本人的平均寿命，男性是 80.98 岁，女性是 87.14 岁（厚生劳动省发布）。按照平均寿命算的话，40 岁才是人生后半程的开始。

那个人用添饭来表达我烧的菜好吃。

YAMASA 一滴鲜 / YAMASA 酱油｜杂志·海报 2011 年　撰稿人：神户海知代

还有"喜欢和那个人在一起的生活，因为有许多好吃的"系列。虽然日本人常被说不擅长夸奖，但是用再吃一碗代替直言好吃的这份心意，或许正是最好的夸奖。

6月
7

穿着清凉的季节,
连轻薄的心
都看得见。

TENJIN CORE ｜海报 2009 年　撰稿人：笹尾芳敬

商场广告。这个时节,湿度增高,闷热的日子渐渐多起来。凉鞋、吊带衫、无袖上衣等,真正穿着清凉的夏天到来了。可是,男士们,你们的视线说不定也被人尽收眼底……

6月
8

为了让你脱衣服，
夏天来了。

AMU PLAZA 鹿儿岛｜海报 2009 年　撰稿人：绪方胜彦

6月8日是"世界海洋日"。据说海水浴在日本得到广泛传播，源于幕府末期学习了西方医学的医生。人们最初去海边，不是为了享受玩水的乐趣，而是为了利用海水治病。

6月 9

在自己的婚礼上，孩子们第一次见到喜极而泣的大人。

Arc en Ciel Group ｜海报　撰稿人：漆畑阳生（CLINT）

孩子的婚礼也被称作父母的毕业典礼。小小的孩子长大了，双亲看起来曾经高大的背影变小了。人们带着种种思绪，在婚礼上齐聚一堂，被幸福的氛围包围着。你还记得第一次见到父母泪水时的情景吗？

6月
10

Happy Birth Time

生日每年一次,

每一日新生的时刻,也有一次。

你是在几时几分,

来到这世上的呢?

那是寒冷的冬夜,

还是炎热的夏日午后?

你能想象彼时母亲的温暖、

父亲的眼神吗?

那么,马上就是你出生的时刻了。

诞生时刻,快乐。

宝石钟表 长野 | 海报 2005 年　撰稿人:松田正志

今天的自己,和昨天相比,毫无变化。但也许变了一点点。每天都在自己诞生的那个时刻回顾一下,可能是件不错的事。6 月 10 日是日本的"时间纪念日"。据《日本书纪》记载,671 年的这一天,出现了用漏斗(水钟表)记录时间的方式。

6月
11

人，会成为他人的伞。

擅自了结生命，
多是因为抑郁症等心理疾病。
心理疾病的早期发现、治疗，
与生命安全息息相关。
如果你发现有人连日睡不着、
一反常态地没有精神，
看起来总是很累，
感觉与往日不同，
这表示他可能心里正在下雨。

公司里、
学校中、
电车中、
家庭内，
也会下雨。

请留意你重要的人
有没有在下『心雨』。
守护心灵，
预防自杀。

爱媛县 ｜ 海报 2010 年　撰稿人：石本香绪里（电通名铁 communications）

谈到这条文案的创作时，石本小姐说："自杀这个问题，或许很多人认为和自己毫不相关。因此更希望这些人能够注意到身边人的动向。正因为这是一个复杂而沉重的问题，所以特别注意不能将文案写得过于复杂。"6月11日左右入梅，开始进入梅雨季了。

6月
12

人会两次喜欢上同一个人，相遇与离别之时。

bellmony 葬礼　｜海报 2014 年　撰稿人：石本香绪里 木下芳夫

6 月 12 日是巴西的情人节，据说在这天，巴西的情侣会将装有自己照片的相框赠送给对方。据说是将结缘之神天主教神父圣安东尼奥逝世的前一天定为了这个节日。

6月
13

今天也打一个
如牵手般的电话吧。

走路时,祖母孝子和孙女梨奈会自然地牵起手。
问及两人是从什么时候开始这样牵手时,
她们都回答因为太久远已经想不起来了。
梨奈从小由祖母带大。
因为两人的关系像父母与子女一样,
所以也经历了孩子成长时对父母的叛逆期。
梨奈高中毕业后,两个个性都很强的人,
因为孝子反对她搬出去独立生活大吵一架。
最后以梨奈飞奔出家门不欢而散。
可是,梨奈在新家安顿好以后,接到了孝子的电话。
电话里传来的第一句话令她始料未及:
"没什么缺的东西吧?"
从那以后至今8年,手机就这样连接着两个人。
每当梨奈因工作没打电话时,孝子便会担心。
而孝子有事没能接电话时,梨奈也会担心。
"孙女总是会给我打电话呢!"是孝子骄傲地说起梨奈时的固定台词。

家·爱·族 / NTT docomo ｜杂志、报纸 2017 年　撰稿人:中川英明(电通)

"担心"的日文写作"心配"。你担心碰见可怕的人、不擅长应对的人、初次见面的人……将你的心分配给这些不怎么亲近的人,反而会忽略了那些重要的人。

6月
14

比起独自一人，
一起活下去吧。

我们。

厌倦了为自己活着。

厌倦了为别人活着。

我和他人，变成我们。

不是为我，而是为我们，

是不是很新鲜呢？

不是为我，而是为我们买面包。

不是为我，而是为我们在花瓶中插花。

不是为我，而是为我们拍照。

我们。

不是我，而是我们一起哭。

不是我，而是我们一起寂寞。

不是我，而是我们一起唱歌吧。

想到是我们，心里也会变得放松吧。

我们。

不论年龄，我们。

不论男女，我们。

公园里的猫、路上的狗，都是我们。

在心中，制作一个看不见的小组合吧。

言语不通的我们。

肤色不同的我们。

宗教不同的我们。

我和我和我。

他人和他人和他人。

世界上的我，

和别的什么人集中到一起，

我们现在，会变成新的我们吧。

那样该有多好。

earth music & ecology / STRIPE INTERNATIONAL INC.
目录、海报（使用一部分）2017 年　撰稿人：儿岛令子

6月14日是"世界献血日"。既是对献血者表达感谢，也是宣传献血必要性的日子。如果借文案的说法，也可以说"我的血，也是我们的血"吧。

6月 15

我是杂草。
有灵魂的杂草。

草会被除掉,
所以不能擅自枯萎。
草会被虫吃,
因而不能擅自消失。
要更加拼命地活,
哪怕拼命过头、较真过头。
对不起。
太过可爱了,对不起。
朴拙地、手忙脚乱地,
享受夏天吧。

杂草之杂,实则帅气,
蝼蚁之辈,其实很 funky。

earth music&ecology / STRIPE INTERNATIONAL INC.
目录、海报(使用一部分)2014 年 撰稿人:儿岛令子

这一时期,正是路边酢浆草的黄花与鱼腥草的小白花盛放的季节。就算被叫作杂草、野草又如何,它们依然绽放众多可爱的花朵。

JUNE 15

6月 16

对孩子来说，
与老师一起生活的时间，
仅次于父母。

对孩子来说，大人，不仅意味着年龄上的长者。
"双亲"自然是大人，但比起大人更重要的含义在于"亲"。
因为是孩子近在身边最亲近的大人，
所以孩子们无法得到有关大人的客观印象。
老师却不同。对学龄期的孩子来说，
老师是孩子们能认识的、最亲近的大人。
因此老师的职责不仅在于教孩子学习、生活，指导社团活动，
还要让孩子感受到"做大人真好啊""做大人看起来很有意思"
"想早点成为大人"。
老师自身愉快生活、积极向上非常重要。

日本教育大学院大学｜海报 2016 年　撰稿人：谷野荣治 (LIGHT PUBLICITY)

另有"希望老师能成为孩子们去学校的理由""老师讲过的偏离教学内容的话，反而记得很清楚""孩子们的成绩，也是老师的成绩"等系列。

6月
17

把"父亲的害羞"
珍藏在心。

爱答不理,态度生硬。不善言谈,不肯多说一句。
父亲不擅表达想法,和我之间有许多冲突,
但依然用他的方式在为我着想。
如今才感受到对父亲的谢意,谢谢您。
因为无法当面道谢,所以将这份心情送出。
父亲会带着怎样的神情收下礼物呢?
6月的那一天,看着父亲害羞通红的脸,
我比谁都幸福。

东武百货店｜海报 2011 年　撰稿人：斋藤贤司(HONSHITSU)

6 月的第三个星期日是"父亲节"。在美国有装饰玫瑰、送父亲黄色手帕的习俗。如果平时没有机会和父亲推心置腹地好好聊天,至少在这一天表达一下感谢的心情吧。

6月
18

经历了一场
吃顿饭就能满血复活的
失恋。

全国农业协同组合联合会福冈县本部｜海报 2008 年　撰稿人：近藤成龟

6 月 18 日是日本的"饭团日"。TBS 的电视剧《四重奏》里有这样的台词："曾经边哭边吃下饭的人，都活得下去。"

6月
19

没有前扑滑垒的人生不能想象。

Masters 甲子园实行委员会 | 杂志 2015 年　撰稿人：越泽太郎（电通）

6 月 19 日是日本的"棒球纪念日"。越危险的前扑滑垒越能因行动果敢打动人心，将比赛推向高潮。

6月
20

看着前辈的背影学习。
有这种闲情,
还不如赶紧直接问。

大谷制铁｜海报 2017 年　撰稿人：小林干（电通西日本金泽支社）

在不久以前，或许人们多是"看着前辈的背影学习"。但因时代变迁、地区特点不同、公司方针变化等，教育方式也在改变。不过，比教法更重要的是学习方法。需要学习的人，只要有想要努力工作的意愿，自然就会成长。

6月
21

夏天，很快到来，很快又走了。

夏季讲习 / 东进补习校 ｜ 报纸 2012 年　撰稿人：福井秀明（电通）

6 月 21 日前后是夏至。这是一年中白昼最长、夜晚最短的日子。平安时代有许多感叹男女幽会时夜晚之短暂、描绘夏日忧伤的和歌。

> 6月
> 22

那么，洗掉一切吧。

绝对要赢。

这样说着，

付出了几乎要渗出鲜血的努力，

没想到却失败了。

就是会有如此努力依然败北的时刻。

失败是无情的。

但是，真正的胜负从这时才开始。

面对这个失败，接受它，

将它化为能量，冲向下一次的挑战。

那么，洗洗睡吧。人生还很长。

任何时候都能挽回。

为了有朝一日能这样想：

"那个时候，还好输了。"

牛奶肥皂共进社｜海报 2014 年　撰稿人：矢野贵寿（电通关西支社）

带着必胜的信心，也会有输的时候。但若能将目光放长远，会发现失败不过是成长路上的一个坎。不执着于眼前的一时悲喜得失，尽快转换心情洗刷过去、走出新的一步，或许才是最重要的。

6月23

世上宗教有许多，
但祈祷的心情应该都是一样的。

阿含宗｜海报 2010 年　撰稿人：荻友幸（电通）

四年一度的奥运会，人种、宗教都不尽相同的各国选手全力参与、认真竞争、相互欣赏的身姿，总是令人感动。6 月 23 日是"国际奥林匹克日"。

6月 24

经过了几个『期待快快长大』的夏天，『希望回归孩童初心』的夏天在等待。

IMS ｜ 海报 2006 年　撰稿人：前田之巳（FUTURE TEXT）

刚进公司时不畏陈规的人，一段时间后总会变得开始察言观色，思考如何在规则内做事。人有时要有孩子般的想象力，有时又需要像个成年人那般忍耐。所有人都需要这种权衡吧。

6月25

来婚礼的人，
都是支持你人生的人。

看到父亲喝了那么多酒。
看到母亲拍了那么多照片。
看见朋友哭成那个样子。
被上司那般表扬。
看到老公笑得那么开心。
意识到原来我如此幸福。

zexy / RECRUIT ｜海报 2009 年　撰稿人：富田安则（RECRUIT COMMUNICATIONS）

发现周围的人比想象中更支持自己，谁都会高兴吧。婚礼既是两个人为爱宣誓的日子，也是个确认身边人对自己的爱的日子。

6月
26

对现在的别府来说，

客人（说真的）

就是神。

别府如今陷入前所未有的危机。

受平成二十八年熊本地震影响，

别府的酒店、旅馆预约被接连取消，

实际使用率减少了80%~90%，情况严峻。

但是，别府和从前一样，依然充满活力。

虽然充满活力，客人却不到来。这令别府心有不甘。

正因为如此境况，请到别府来玩。

正因为现在客人少，可以独占别府，享受包场服务。

无论温泉还是观光设施，都可以自由、轻松享用。

有时间的话，请一定，到别府来。

到别府来，您会成为别府的力量之源。

Go! Beppu 去大分县吧！ / 温泉（恩泉）县观光促进协议会 | 报纸 2016 年
撰稿人：绪方彻（CS 西广）

6 月 26 日是日本的"露天温泉日"。2016 年发生了熊本地震，一年后，别府市带着感谢的心情，举行了将"恩泉"的泉水运送到一般家庭的"别府温泉回报"活动。

6月 27

"终于做到了"
教会了我
"只要去做就能做到"。

能顺利解决任何问题,自然再好不过。

但学无止境,试错一定是必要的。孩子在试错时,或许会感到麻烦,但也会面临巨大机会。身边的大人不应该简单地告诉孩子答案,而应帮助孩子前进哪怕一点点,让他们依靠自己的力量最终解决问题。这样一来"终于做到"的喜悦,会成为"只要肯做就能做到"的自信。遇到下一个困难时,孩子就能不逃避地面对。一番辛劳后的成就感,会成为照耀孩子未来的光。

日本教育大学院大学｜海报 2013 年　撰稿人:谷野荣治（LIGHT PUBLICITY）

6月27日是海伦·凯勒的生日。1岁7个月时就失去视力与听力的海伦·凯勒,在家庭教师安妮·莎莉文的无私教导下,终于考上了被认为是美国最难考的名门女子大学。

6月
28

人类史上，
最纠缠不休、延绵不绝的纷争，
就是『你说了』『不，我没说』。

录音设备 / 山善　│　撰稿人：矢野贵寿（电通关西支社）

无意间的一句话，可能会深深伤害到对方；又或者，会对他人的一句话做过分解读。言语会成为凶器还是良药，取决于我们的说话方式。

6月 29

原来，真正『完全没学习』的，只有我自己。

明光义塾｜宣传单 2010 年　撰稿人：福田宏幸（电通）

事先说明自己不行，这种行为在心理学上被称作"自我设障"（Self-handicapping）。自我设障可以在失败出现时减少伤害，但更会让人变得不再继续努力和挑战。

6月 30

想学到更多的孩子，
根本不会把学习看作学习。

日本教育大学院大学｜海报 2015 年　撰稿人：谷野荣治（LIGHT PUBLICITY）

1905 年 6 月 30 日是爱因斯坦首次发表有关"相对论"论文的日子。他从少年时代开始就对"光"有浓厚兴趣，工作后的空闲时间也都在思考相关问题。"想了解更多"的想法，会让学习不再是学习，会带来更重大的发现，爱因斯坦就是最好的例子。

人は、人の傘になれる。

会社の中も
学校の中も
電車の中も
家の中でも、
雨が降っていた。

自らいのちを絶つ
その多くは、「うつ」など
心の病によるもの。
心の病の早期発見・治療が、
いのちを守ることに
つながります。
眠れない日が続いている、
いつになく元気がない、
ずっと疲れているみたい、
あの人の「いつもと違う」は、
心の雨を知らせて
いるのかもしれない。

大切な人の
「心の雨」に
気づいてください。
心を守り、
自殺を防ぐ。

気づいた方も、悩みを抱えている方も、まずは、最寄りの保健所へご相談ください。

心を守ることが、いのちを救う。

愛媛県

人，会成为他人的伞。

7

JULY

7月 1

从山与海那里得到慰藉。
或许成为大人，
就是如此吧。

时而醉酒，
时而低语。
这些时刻想被人看见，想被人听见。
这种心情固然重要，
但若能怀着平静的心，
眺望大自然怎么样呢?
海不会回答，山也不会回答，
但又总能告诉我们些什么。

岩美町观光协会｜官网 2016 年　撰稿人：米田惠子

岩美町位于鸟取县，是一个有山有温泉的美丽的地方。日本各地因地区差异会稍有不同，但基本是定 7 月 1 日为"开山、开海日"。富士山的开山日也是 7 月 1 日。

7月 2

快点长大吧。
不,还是慢慢长大吧。
夏天,为人父母者也在边摸索边成长。

对了,去京都吧。/ 东海旅客铁道 | 海报 2012 年 撰稿人:太田惠美

"希望孩子快点独当一面,不过,还是想多些和孩子共处的时光。""希望孩子不要输给他人,但是,又希望他能按照自己的节奏前进。"成人后才意识到,为人父母也会有各种烦恼与不安,也在不断学习中成长。

7月
3

本以为大人是不会哭的。

23区 / ONWARD ｜海报 2008 年　撰稿人：三井明子（旭通）

7 月 3 日是日本的"眼泪日"。人的泪腺平均每天会分泌 2~3ml 的泪水，用以保护眼睛表面不受伤害。
眼泪不仅能冲刷进入眼内的杂质，也能洗刷难过的心情。眼泪原本就是为守护人类而存在的。

7月 4

你想要的答案不在群体之中。

TOYOTA NEXT ONE // AUSTRALIA 2014 / 丰田汽车丨海报 2014 年　撰稿人：高崎卓马（电通）

有句名言这样说："人不是因为弱小才聚集，而是因为在人群中才感到弱小。"优秀的人聚在一起，如果相互依赖，就会成为仅是群聚的"群体"；相反，弱小的人聚在一起，若能相互依存，高度合作，也能成为良好的团队。

7月
5

纠结。烦恼。争抢。
大甩卖就是青春。

西武百货冬市 / 西武百货｜海报 2009 年　撰稿人：岩崎俊一　冈本欣也（OKAKIN）

夏天是举办特卖会的时节。日本首个有记载的特卖会，是松屋和服店于 1908 年举办的。据说有人看了当时嘈杂的场面，惊异地说"20 世纪真是拼命"。

7月
6

练琴时我哭了，
演出时妈妈哭了。

安藤钢琴教室｜海报 2011 年　撰稿人：岩田秀纪

7 月 6 日是日本的"钢琴日"。据说钢琴是德国医生菲利普·弗朗兹·冯·西博尔德于 1823 年带入日本的。现在日本最早的钢琴保存在山口县熊谷美术馆。

7月
7

等待也是恋爱的一部分。

日本邮政集团 | 海报 2011 年　撰稿人：富田安则（RECRUIT COMMUNICATIONS）

相见时间短，思念时间就会变长。7 月 7 日七夕节，是一年一度牛郎织女跨过银河相见的日子。至今流传着当初牛郎说"一月能见一次"被织女听成"一年一度"的传说。

JULY 7

7月
8

『你胖了。』
每次都是衣服
告诉我这件事。

西武百货夏市 / 西武百货 ｜ POP 广告 2007 年　撰稿人：岩崎俊一

另有"不要买宽松的尺寸，否则身体也会懒怠"系列。"7"与"8"的日文发音合在一起，音同"好身材"(nice body)，因此 7 月 8 日是日本的"好身材日"。

7月 9

想对18岁的我说别再吃了!

ATLAS │ 海报 2010 年　撰稿人：西村麻里

另有"想对 22 岁的我说，别再毫无节制地曝晒了"，都是某美容沙龙的广告。或许人都会终其一生这样回想："如果那时这么做的话……"

7月
10

若能有理性地抱怨，
抱怨就会变成提案。

朝日新闻社｜海报 2013 年　撰稿人：外崎郁美（电通）

7 月 10 日是《东京朝日新闻》创刊日。《朝日新闻》在 1879 年创刊于大阪，后于这一日进驻东京。
夏目漱石、石川啄木等人都曾在该社工作过。

7月
11

曾经讨厌和父亲长得像的我，如今却为儿子像自己欣喜。

奥林巴斯｜报纸 2007 年　撰稿人：山本高史（Kotoba）上田浩和（电通）

世上的父母，看着孩子的脸时应该都是同样的心情。7 月 11 日是"世界人口日"，定于世界人口突破 50 亿的 1987 年。

7月
12

"内窥镜检查结果怎么样?"
"那你呢,怎么样啊?"
这才是真的推心置腹。

奥林巴斯｜报纸 2007 年　撰稿人：山本高史（Kotoba）上田浩和（电通）

7 月 12 日是日本的"短期综合体检[1]日"。接受短期综合体检的人数从 1984 年的 41 万人上升到 2015 年的 316 万人（2016 年日本短期综合体检学会数据）。克服一下"还得预约太麻烦了"这种懒惰心理，找机会检查一下怎么样？

1　短期综合体检，指平时健康生活的人在规定期间入院进行全身综合性健康检查，并接受健康生活所需的指导。日本于 1954 年普及，旨在早期发现与预防疾病。

7月 13

说你讨厌，是因为在一起时你看了手表。

西铁城 Wicca 系列｜海报 2014 年　撰稿人：涉谷三纪（旭通）

还有"有喜欢的人吗？要是在喜欢上你之前问就好了""世界上最喜欢的路，是去见你的路""为同一件小事发笑。所谓恋情的开始，就是如此吧""两个人在一起后反而话少了"等系列。

7月
14

不要畏惧摩擦。
摩擦会产生热量。
仅仅是这点热量，
就会转化为热情。

TOYOTA GAZOO Racing / 丰田汽车｜杂志 2015 年　撰稿人：高崎卓马（电通）

7 月 14 日是"法国大革命纪念日"。1789 年的这一天，不满君主统治的巴黎民众发动暴乱，攻占巴士底狱，经历了激烈的枪战后释放了关押在那里的囚犯，从此掀开了长达十年的法国大革命的序幕。

7月
15

愿第三次世界大战，只发生在电视游戏中。

秋叶原电脑商店街｜海报 2015 年　撰稿人：佐藤理人（电通）

秋叶原某团体的广告。该团体致力于将秋叶原打造成为人们的兴趣提供资源的超级都市。另有"沉迷于喜爱的事物，是和平国度的特权""二次元没有国境"等系列。

7月
16

愿您再多几个想重温的夏天。

山形 Destination Campaign / 东日本旅客铁道｜海报 2015 年　撰稿人：山口广辉（JR 东日本企划）

"即将结束的夏季，给了我一个永不结束的夏天。" 7 月的第三个周日是日本的"海之日"，是感谢海洋恩惠、祝愿作为海洋之国的日本繁荣的日子。暑假马上就要来了。

7月 17

终于意识到,焦急的不是东京,而是自己。

茨城乡村生活 / 茨城县｜海报 2010 年　撰稿人：田岛洋之 (PARADOX)

7 月 17 日是日本的"东京日"。1868 年这天,"江户府"更名为"东京府"。"东京"一词经常出现在歌曲标题中。矢泽永吉、桑田佳祐、长渕刚、滨田省吾、Mr Children、福山雅治等歌手,都曾深情唱过有关东京的歌。

7月 18

焦灼的不该是皮肤，而是你的心。

forus ｜海报 2007 年　撰稿人：迫田哲也（organelle）

最高气温 30°C 以上叫作"真夏日"，35°C 以上是"猛暑日"，25°C 以下叫作"热带夜"。睡不着，是因为天气太热，还是因为在意的那个人呢？

7月 19

女人变强了。
但是,女人的身体并没有变强。

繁忙时,疲惫时,请善待你的身体。
先从感知身体的节奏开始吧。

预测经期·排卵期 APP lalune / ATEAM ｜ 海报
2016 年　撰稿人:**石本香绪里**(电通名铁 communications)

身体再好,心情不佳的日子无论什么都没有动力。相反,不管心情多么好,身体坏了也什么都做不成。只有身心俱佳,才能称得上是"健康生活"吧。

7月 20

恋爱、季节，都是往者不可追。

PAPA'S&MAMA'S | 海报 2012 年　撰稿人：村川·Maltino·佑子

你是否也有过这样的经验：得到了想要的东西，就会看到它讨厌的一面，或感到厌倦。但是，一旦失去了就会想再度拥有。曾经无比期待的夏天，一旦真的到来就会觉得炎热难耐，而当秋天即将来临时，又会留恋起将尽的夏天。季节和恋爱都是如此。

7月21

人在夏季成长。

向日葵会在不经意间长得比人高,

而有的人,在经历一个夏天后,

表情会全然不同于从前。

夏天如此炎热,仅仅是工作都令人疲惫不堪,

但人们还是会恋爱、做运动、在职场打拼、旅行。

夏天,或许是最让人成长的一个季节。

希望迎接夏天的你,

手上有一本书。

与书中满溢的情感相遇,

更多地哭、笑,为爱烦恼。

更多地欢喜、滋养心灵,

希望你度过这样的夏天。

今年"新潮文库100册",

也会在书店整装待发,

等待与你相遇。

新潮文库 100 册 / 新潮社 | 报纸 2017 年　撰稿人:吉冈丈晴(博报堂)

新潮文库登载于报纸的广告,配图是站在向日葵旁边的新潮文库吉祥物 QUNTA[1]。在有大海、高山、祭典、烟火、节庆等让人情感澎湃的夏季,读读书,或许更有可能遇见新的自己吧。

1　QUNTA,一个机器人的形象,自 2015 年起代替熊猫形象的 Yonda 成为新潮文库的吉祥物。

7月
22

人们毕生难以忘怀的是人生的初次旅行。

青春 18 车票 / JR 集团｜海报 2013 年　撰稿人：石田文子（电通）

7 月 22 日是大暑。据记载，历史上有比现在更炎热的时期，暑假就始于那时。年轻人或背着一个背包就去海外旅行或乘上电车游历日本，这种经验会成为一生的财富，也会成为工作后值得与人一谈的话题。

7月23

成为习惯的努力，叫作实力。

河合塾吉祥寺现役馆｜海报 2011 年　撰稿人：河合塾吉祥寺现役馆

7月23日，是以"二宫金次郎像"闻名的二宫尊德的生日。他年轻的时候，会趁背柴火休息的间隙读书，之后在走路时记诵书中内容。"在小事上努力，必成大事"是他的名言。

| 7月 24 |

加油!

我们对着运动员喊道。
我们与运动员之间,就只能加油与被加油吗?
我们就只能为他人加油吗?
应该不止于此吧。
喊"加油"的我们,也从运动员那里有所得。
我们收获了力量与勇气,感受到自己也必须好好努力。
加油! 日本!
我们对别人喊加油时,自己又将如何呢?
这个问题会前来寻找我们。

东京 2020 年奥林匹克运动会、残疾人运动会黄金搭档 15 社│海报 2016 年

撰稿人:照井晶博

东京奥林匹克运动会、奥林匹克残疾人运动会将于 2020 年 7 月 24 日开幕。每当这一时期,看着努力的人们的身影,自己也会想要更加努力。这是四年一度的盛典。

7月 25

一日很短,
念及这点的这一天,
日记很长。

JOMO / 日本 energy ｜报纸 2008 年　撰稿人：门田阳（电通）

欢乐的时光总是短暂的，人在快乐时很少意识到时间在流逝。但感到无聊时，便会不时看向钟表、在意起时间。

7月 26

拒绝仅是涂写配图日记就结束的夏天。

能否为孩子创造一个
长大后也能回忆起的"夏天的记忆",
对大人们而言,
也是一场考验。

对了,去京都吧。/ 东海旅客铁道 │ 海报 2012 年　撰稿人:太田惠美

海报配图是父母与孩子同游比叡山延历寺的场景。教科书上写着"延历寺于织田信长 1571 年火烧比叡山时被毁"。孩子们不能只死记硬背,还是要亲眼看看实物才能真正学到,并且永存记忆中吧。

7月 27

因为无法永远在一起,
那么趁现在,
尽量在一起吧。

格力高幼儿饮品 / 格力高乳业 | 杂志 2005 年　撰稿人：石田文子

父母与子女在一起的时间，可能比想象中还要短暂。在书籍《父母死前想做的 55 件事》的封面上，有这样的信息："假设父母现在 60 岁，剩余的寿命还有 20 年，按照一年见 6 天、每天在一起的时间是 11 小时来计算，合计 1320 小时。也就是说，能和父母在一起的时间只有 55 天。"

7月 28

如何好好休个假，是大人的一个课题。

青春18车票 / JR集团｜海报 2009 年　撰稿人：笼岛康治（电通）

7月28日是日本的"干点啥呢？自由研究日"。花时间培养兴趣、和家人出游、与朋友玩耍等等，大人也想拥有"自由健休日"。

7月 29

除了烟火，还想玩别的火。
夏天来了。

forus｜海报 2007 年　撰稿人：迫田哲也（organelle）

以用火危险为本意的"玩火"，也有不伦恋、出轨的意思。两人关系越深入，便越难分难舍牵扯不清，愈加危险……请小心用火。

| 7月 30 |

如果不知道选什么车，就想想开车要载的人。

青森 TOYOPET ｜**报纸** 2015 年　撰稿人：松若理成（电通东日本）

选车时考虑"空调的温度调控""平稳小心驾驶"等，会让驾车变得更加轻松舒适。对开车兜风来说，与"去哪里"同等重要的，是"和谁去"。

7月 31

「山田！我有重大发现！
是不会成为三日和尚的方法！」
「快告诉我是什么？」
「做事做四天就好了！」

荣光｜电视广告　撰稿人：田中直基（电通）

补习班"每科目四日起"的短期课程电视广告。日本的"三日和尚"之说，指的是做事不能持久，很快就会放弃。据说来自和尚出家无法忍受严格修行，只做了三天和尚就还俗的故事。

8

AUGUST

8月 1

留着随处可见的发型,
过着随处可见的人生,
总是不太好的。

美发沙龙 CLOUD-HAIR ｜海报　撰稿人：佐藤司郎

8月1日是日本的"卷发日"。每个人都有这样的同学：暑假结束，发型巨变，走进教室时引起轰动。

8月 2

小朋友请从『喜欢』的入口进。

日本教育大学院大学 | 海报 2015 年　撰稿人：谷野荣治（LIGHT PUBLICITY）

据一项对象为 20～60 岁人群的调查结果显示，最终从事小学时想从事的职业或实现了当时梦想的人，占总调查人数的 10%。找到"喜欢"的入口，真是件很难的事呢。不过，这个入口没有年龄限制，人生就是如此。

8月 3

砰的一声,是什么声音?

可尔必思水 / 可尔必思 | 海报 2014 年　撰稿人:米田惠子

夏天的季节语是"夏帽子"。巴拿马帽、康康帽等,都用透气性好的材质制成。帽子、墨镜、浴衣……
在这个季节,看到喜欢的人装扮出与平日不同的样子,会怦然心动。

8月 4

日本人最喜欢的会议室，是居酒屋。

东京遗产 / 东京都｜海报 2014 年

撰稿人：富田安则（RECRUIT COMMUNICATIONS）境佑介（同前）

在居酒屋，既可以享用种类丰富的食物，又能喝到各种酒，对欧美人来说似乎是很稀罕的存在。英文中也有"Izakaya"一词，足以说明居酒屋作为日本文化的一部分，已被广泛接受。1899 年 8 月 4 日，日本第一家啤酒馆在东京新桥开业。

8月5日

收到已为人母的女儿寄来的信,
看到信上"谢谢您"的文字,
突然变得有些害羞。

有了外孙以后,妈妈和女儿的关系,可能会有些变化。
虽然每天都和女儿见面,却收到了女儿的信。
信中呈现的,是一个自然真实、成为可靠母亲的女儿。
"谢谢妈妈。做了母亲才意识到,妈妈就是这样把我养大成人的啊。"
这些话,如果当面说,一定会不好意思说出口。
我是否也能好好地对女儿表达"感谢"呢?

父母与子女的情感,有时候会难以表达。
但在你与对你来说重要的人之间,
笔,一直存在。

百乐文具 | 报纸 2015 年　撰稿人:姊川伊织(电通)

8月5日是日本的"母亲与孩子之日",是审视母亲与孩子之间羁绊重要性的日子。"谢谢""对不起""喜欢",如果有这些强烈的情感,或许最佳的传达方式,还是信笺。

8月
6

比起不了解外国的日本人,
还是连日本都不了解的日本人,
更应当羞愧。

和果子司龟屋 | 海报　撰稿人：川村由贵子

8月6日，是"广岛原子弹爆炸日"。1945年的这一天，上午8时15分，广岛被投掷原子弹，至当年12月末为止，受其影响的死亡人数据推测达14万。3日后的8月9日，长崎也被投下原子弹。

8月7日

请毫不顾虑地
管教我家孩子。

东京来的亲戚，看到隔壁太太在批评我家孩子，说"感觉好怀念啊"。回想起来，如今这个时代，无论在学校还是家庭，都得留意斥责孩子的方式。

但我认为，不行的事就是不行，有时候爱的鞭策也不错。

我自己就是被这样养育长大的。希望自己的孩子，除了父母以外，也能热热闹闹地被周围人爱着长大成人。

为此，大人之间要铸就良好的信赖关系，整个社区也要好好考虑这个问题。

大人可靠的话，孩子也会健康成长。

为此，今后如果我家孩子做了错事，请不要客气，尽管批评他。

拜托了。

福井报社 | 报纸 2009 年　撰稿人：古川雅之（电通关西支社）

能真心批评自家孩子的人，一定将我们看作了家人。如果和街坊邻里能建立比较亲近的关系，别人也能放松地帮我们管教孩子。8 月 7 日是漫画《哆啦 A 梦》主角大雄的生日。

8月
8

瞬间的光芒，
给了我们仰望的时间。

人们创造烟花，
是为了世间有更多仰望天空的人。

日本花火大会始于1733年。
那是大饥荒、疫情等事件多发、多灾多难一年的翌年。
世间人人垂头丧气。
两大花火师"键屋"和"玉屋"，
为了让人们打起精神、重新振作，
对花火的色彩、大小、花型等
进行了精心设计。

人们被华丽的烟火吸引，
仰望夜空，欢声阵阵。
花火照亮的，
从来都是那些一心努力生活的人。

JAPAN TOBACCO INC. | 杂志 2017 年　撰稿人：米田惠子

本条广告提到的花火大会，指的就是现今的隅田川花火大会。花火如今已是夏季不可或缺的一部分，
但过去是在秋天燃放。8 月 8 日左右立秋，虽然天气依然炎热，但历法上已是立秋。

8月
9

『要是和按摩师结婚就好了。』
有时会这么想。

hectometacin / TOKUHON ｜海报 2007 年　撰稿人：越泽太郎（电通）

止痛膏药的广告。8 月 9 日是日本的"针灸按摩日"。在最受未婚男性欢迎的结婚对象职业排行榜中，护士排名第一。而最受未婚女性欢迎的结婚对象职业，排名第一的是公务员（据 2017 年 MYNAVI WOMAN 调查）。

8月 10

在大白天喝酒也能被原谅，
所以最喜欢大海了。

角瓶 / 三得利 | 海报 2010 年　撰稿人：岩田纯平（电通）

另有同系列的威士忌广告："啊，果然夏天就得喝这个呀。当然春天秋天冬天也是。"威士忌掺苏打水的高球酒，咕咚一声经过喉咙，真是和夏天的海最配了。8 月 10 日是日本的"高球酒之日"。

8月
11

不超越眼前的山,
无法得见更高的山。

TOYOTA NEXT ONE / AUSTRALIA 2014 / 丰田汽车｜海报 2014 年　撰稿人：高崎卓马（电通）

8 月 11 日是"山之日",是日本于 2016 年定下的第一个 8 月的节日。高尾山是世界上登山人数第一的高山,年均接待量为 300 万人次。

8月 12

若人生是长路，
那寻访路边草便是旅行。

H.I.S | 海报 2015 年　撰稿人：涉江俊一（电通）

"吃路边草"这一俗语，指的是马吃路旁草，迟迟不前行。吃路边草会行进缓慢，但获取的食物可以支撑马走得更远。

8月 13

返乡人潮。
想着双亲、
排队回家的孩子们的队伍。

DRIVE & LOVE ｜报纸 2011 年　撰稿人：矢野贵寿（电通关西支社）

8月盂兰盆节，是回乡祭祖的节日。归乡路上，虽队伍冗长、人声嘈杂，但只要换个想法，感受又将不同。言语的力量很了不起吧？日本部分地区的盂兰盆节是 7 月。

8月
14

不要再说
因为害怕死亡
就不养宠物这种话了。

如果因为怕把家弄脏不养宠物，
狗能学会良好的行为举止。
如果因为不常在家不养宠物，
狗能学会独自面对孤独。
如果因为贫穷不养宠物，
狗会和你共享贫穷。

可是，如果因为害怕死亡不养宠物，
就连狗也没有办法。
所有的生命，都不是永恒的。
总有一天它会不在。
可是，在死亡来临之前，
它们努力活着，非常努力地活着。

全日本的犬类，今天也在努力生存。
同它们的主人，共同度过辛苦吵闹
但幸福的时光。

如果有人想养狗但是有种种顾虑，
我想对这样的你说，
狗绝不会为了让你悲伤而来。
它们到来，是为了让你微笑。
不知藏于何处、不知名的神，
将充满生机、温暖的生命，
寄存在我们这里，
是神赋予人类的
朴素而又高尚的乐趣。

日本宠物食品 | 报纸 2004 年 撰稿人：儿岛令子

8月14日是以《动物记》闻名的西顿的生日。他在幼年时期，从英国移居加拿大，被当地的大自然感动，写了许多有关野生动物的书。

8月 15

人类的时间。

一个人要做一小时的事,

两个人做三十分钟就够了。

一个人要做一个月的事,

三十个人一天就能做好。

人类耗费几千年都无法完成的事,

大家一起做,

可能一天就能完成。

没错,和平这件事,

只要一天就能实现。

宝石钟表 长野 | 海报 2005 年　撰稿人:松田正治

8月15日是"终战纪念日"。1945年的这一天,日本向美国等同盟国无条件投降,战争结束。这一天也是悼念阵亡者、祈祷和平的日子。

8月 16

我们的祖先，创造了这个国家的和平。

佛龛 KOGA | 海报 2015 年　撰稿人：胜浦雅彦（电通）

在盂兰盆节期间，将亡灵迎入家中的传统始于镰仓时代。在盂兰盆节第一天，会用"迎火"来迎接祖先的灵魂，在最后一天则燃起"送火"送走亡灵。在这天举行的"京都五山送火"（也称"大文字送火"）尤为著名。

8月 17

将"温柔"念出来,
会变得更为温柔。

NATSUICHI / 集英社｜海报 2010 年　撰稿人：太田祐美子（电通）

集英社文库本活动"阅遍世界"的广告语。同系列另有"什么都不说,也是言语""想用那个国家的语言阅读,我如是想""想成为作家,但又觉得大概是成不了的"。

8月 18

故乡有山有海，
我却说那是个
什么都没有的地方。

因为不想被小地方束缚，
离开家乡已有二十载。
每天从小小的公寓出门上班，
去一家小小的公司，
坐在一张小小的办公桌前。
即便当年预知了这样的未来，
我也还是会下同样的决断吗？
已经习惯
在晚上11点的居酒屋柜台位子上，
一个人喝酒。
眼前放着的，
是产自家乡的酒，
和当地名产沙丁鱼小菜。

已经近5年没见过父母的脸了，
肠胃却每周归乡。

那个自己出生的小镇，有山，也有海。
有朋友，也有家人。
也曾有过，恋人。
什么都没有的是……
念及此处，手不由又伸向日本酒。
什么都没有的，或许是这个大都市。
看着略有些浑浊的酒，
懂得了什么是在东京，如何寻找也没
有的事物。
不由打开手机里新干线的预约界面。

五明 | 海报 2012 年 撰稿人：织田高广（TBWA 博报堂）

和"从哪里开始，才是天空呢"为同系列的饮食店广告语。无论地点还是人，或许都是分离后才觉得可贵。

8月
19

穿着在身，占生存时间的大部分。

札幌 AIPA / JR 塔｜海报 2014 年　撰稿人：赞良奈央子（电通北海道）

8 月 19 日是可可·香奈儿的诞辰，她在服装设计方面推陈出新，推出了一系列有革新意义的服装及香水，她曾说："比流行更重要的是格调。流行没有定式。"

8月
20

每个优秀的团队，
都有一个优秀的No.2。

电影《傀儡之城》 ｜海报 2013 年　撰稿人：山口广辉（JR 东日本企画）

8 月 20 日是幕末时期的武士高杉晋作的诞辰，他曾在吉田松荫开设的松下村塾学习，备受松荫青睐。高杉晋作作为松荫的弟子、参与倒幕运动的二号人物，与久坂玄瑞并称为"松门双璧"。

8月
21

血
聚集
为生命。

日本红十字会｜海报 2014 年　撰稿人：安藤真理

同小字"生命因献血而联结"共同构成海报的广告语。日本的献血日是 8 月 21 日，以一系列反对以营利为目的的献血运动为契机，政府于 1964 年的该日正式确立了献血体制。

8月 22

小时候，是夏天教会我们，并不存在什么永远。

IMS ｜海报 2003 年　撰稿人：前田之巳（FUTURE TEXT）

8 月下旬到 9 月上旬吹起的凉爽的风，叫作"初秋风"。这是个天黑得越来越早、麻鸭啼鸣、感受到秋天来临的时期。

8月
23

关上家里的冷气,去凉爽的日本旅行。

青春 18 车票 / JR 集团｜海报 2014 年　撰稿人：石田文子（电通）

天气依然炎热，但 8 月 23 日已经算是"处暑"。处暑的意思是"暑气总算有所收敛"。对日本北部的学校来说，暑假结束了。侧耳倾听，会察觉秋虫鸣声渐起。

8月 24

请用肯定
而不是命令的话语
与孩子沟通。

日本教育大学院大学 | 海报 2016 年　撰稿人：谷野荣治 (LIGHT PUBLICITY)

我们小时候，听到大人说"你很努力哦"比"快点学习"更能被激发主动性。这句广告语，让我们想起那时的心情。

8月 25

先出生的人，未必是先生。

尤克里里部长，已完全成为我在公司的外号。我倒是不在意，妻子却觉得"人家在耍你呢"，感到很不满。

开始学习尤克里里是在一年前。学习的契机始于已经退休的前辈的一句话："退休前试着找个爱好吧。"这位前辈，在与客户的交际中，学会了高尔夫、麻将、品酒等诸多技能，对我来说是大哥一样的人，因而他的建议给了我深刻影响。我原本就喜欢音乐，但因为中学和大学时热衷于打棒球，没能成为吉他少年。如今却变成了尤克里里中年，不，尤克里里部长。

培训班里，多是比我年轻的人。从他们那里，我学会了怎么挑选尤克里里、如何读乐谱，也了解了有什么CD值得一听等。更重要的是，我意识到一个问题，那就是以前总是从身份地位比自己高的人那里学习。

或许出于在棒球社团学到的、对前辈必须绝对服从的人生信条，回顾33年的社会生活，我也总是从年长的人那里学习。如今55岁的我，已经过了人生的转折点，世上比我年轻的人已经多于年长于我的人了。若能从他们那里学习，接下来的人生必然会更加充实。倾听年轻人的意见，会有很多新发现，学到新东西。如果能早意识到这一点的话，或许自己还能更有出息一些。

接下来，我还想挑战吉他，不过目前在学习英语会话。因为学习尤克里里后，对夏威夷产生兴趣，实地去了一次。我问妻子："在退休前，做个英语会话部长怎么样？"妻子则笑着答道："试着做个英语会话董事如何呢？"

Tubi Collage | 报纸 2014年　撰稿人：吉田一马（电通西日本广岛支社）

广岛的文化培训机构广告。"先生"一词的其中一种释义是：对有指导立场的人的敬称。如果认为三人行必有我师，也必将扩展自身发展的可能性。

8月
26

他人的想法,不靠看见,靠察觉。

JAPAN TOCACCO INC. ｜电视广告 2016 年　撰稿人：米田惠子

8 月 26 日是特蕾莎修女的诞辰。她为孤儿、穷人及病人奉献了自己的一生,受到诺贝尔和平奖的表彰。"我受之有愧,但我代表世界上更加贫穷的人领奖。"她如是说,并将奖金全数捐赠。

8月 27

想偷看
却找不到的,
是价格牌。

Cedyna 信用卡 / Cedyna ｜海报 2014 年　撰稿人：左藤雄介（电通）

2980 元比 3000 元更能引起人们的购物欲望,这就是利用消费者"末尾价格心理"的定价方式。日本标价的末位数字多用 8,美国则从很久之前就开始用 9。

8月
28

主动进击还是被动接受？

通信教育高中课程 / Z 会 | 海报 2014 年　撰稿人：竹田芳幸（POOL inc.）

补习学校广告。后文是："正因为是自己解题，才能合格。"同系列还有"不要期待奇迹""通往正确答案的捷径，是错误答案""不做第一名也没关系，就连东京大学也有 3000 个人考得上呢"。

8月 29

只因有喜欢的选手，自己的人生也被点燃。

读卖巨人军 / 读卖报社｜海报 2010 年　撰稿人：织田高广（TABWA 博报堂）

9月之后，日本职业棒球赛将迎来决赛阶段。8月29日是电视台开始直播职业棒球赛的纪念日。1953年的这一天，日本电视台直播了巨人队对战阪神队的比赛。值得一提的是，日本电视台其实在一天前刚刚开业。

8月 30

最能理解在职妈妈的,
是同样在职的妈妈。

RAPPORT ｜杂志 2011 年　撰稿人：盛田真介（电通西日本神户支社）

招募轻体力劳动兼职的广告。如今，孩子未满 18 岁的母亲出来工作的比例连年增加，到 2015 年为止占据该群体的 68%。

8月 31

> 一年『稍纵即逝』，暑假就是『纵』。

明光义塾｜报纸 2012 年　撰稿人者：福田宏幸（电通）

这是 8 月最后一天。日本关东地区暑假平均天数是 41.7 日。如果没有好好安排好想做的事，即便假期再长，也会一晃而过。如果现在给你一个月的假期，你会做些什么呢？

9
SEPTEMBER

9月 1

每天都是『防灾日』。

绿色安全 | 报纸 2012 年　撰稿人：高桥修身

1923 年 9 月 1 日,发生了关东大地震。这时期也是台风季,为提高人们对地震、台风、水灾等的知识与心理准备,日本于 1960 年将 9 月 1 日定为"防灾日"。

9月 2

你结婚时，
我曾想过说这样的话。

我和这个人过不下去了，我要离婚。
也曾有过这样的想法。
那时你出生没多久，
哥哥也需要照顾，
妈妈我每天都被育儿生活折磨得喘
不过气来。
那时候我想，
为什么都是我一个人在操劳，
你爸爸什么也不考虑，什么也不做，
于是积怨已久的心情就爆发了。
现在想想，
你爸爸比谁都在意家庭、关心家人。
可能在家庭方面，
爸爸付出得比谁都要多，
而妈妈那时候，

或许只看见他没做的事。
不过，当年更多想起的，是结婚时，
我的父亲送给我们夫妇的话：
"婚姻生活很长，有不顺利，
也有痛苦的时候。这些时候，
请想想你们曾经喜欢对方、
珍惜对方，想要在一起的心情。
永远要记得那种心情，
一起努力过日子吧。"

现在要问妈妈有多爱你爸爸，
还真不好说，但是，妈妈想和这个人，
一起携手走到人生尽头。
并且也想对马上要结婚的你，
说说这些话。

福井报社　│报纸 2008 年　撰稿人：古川雅之（电通关西支社）

遇到痛苦的事，如果想"为什么只有我这样？"就会更加痛苦。谁都会有各种各样的遭遇，所以你所认为的"只有我这样"，其实并不是这样。

9月
3

努力的阶段，
往往是最不养生的阶段。

KIRETO LEMON / POKKA SAPPORO Food & Beverage
海报 2014 年　撰稿人：石本香绪里（电通名铁 communications）

9 月 3 日是"KUEN 酸日"（因日文发音相近）。它是能够让人感受到"酸"的酸味成分，有缓解疲劳
的功效。水果中以柠檬含这种酸的成分最多，因而在中国被称作"柠檬酸"。

9月 4

发型能让人成为女孩，
也能让人成为女人。

WARP Hair Craft ｜海报 2012 年　撰稿人：长冈晋一郎（北海道博报堂）

与"在知道谁是总理大臣、总统之前，更应该知道刘海 1 毫米之差，就能改变我的世界""我的性格或许一辈子都改不了，在发型改变之前"等为同一系列的美容沙龙广告。

9月
5

有放失恋假的公司吗？

JOBKITA / 北海道打工情报社 | 海报 2007 年　撰稿人：高田伸敏（Tokyu Agency）

放一些特别假期的企业在逐年增加，如日本环球影城假、课题解决假、世界杯假等。另外据说有的公司放失恋假，从分手第二天算起，25 岁前放 1 天、25 岁后放 2 天、30~40 岁放 3 天。

9月 6

每天早走十分钟,一年多五天亲情假。

石川育儿支援财团 / 石川县｜台历 2010 年　撰稿人：吉田一马（电通西日本广岛支社）

台历上还有"孩子生病了需要请假,明明是真的,为什么难以说出口？""我们上司,只有公司聚餐喝酒的日子才会说'今天早点下班吧'"等同系列广告语。

> 9月 7

在已经铺好轨道的人生
和成为妈宝的人生之间
选择哪条路?
哪条看起来都不错呢!

中川的中川｜海报 2016 年　撰稿人：池端宏介（IMPROVIDE）

提供北海道中川町观光及活动信息、特产贩售等信息的情报交换中心广告。为对外推广，中川町售有可以在限定期间内"试住"的公寓。

9月
8

「体」这个字的大部分，由「休」构成。

甘露糖 / 甘露（Kanro） | 报纸、官网 2011 年、2016 年　撰稿人：葛西阳介

9 月 8 日是"休养生息日"。如今日本人的睡眠时间，比 20 世纪 60 年代减少了一小时之多（据 2015 年日本国民生活时间调查）。我们现代人的生活，到底是得益于科技进步带来的方便，还是为了制造方便而疲于奔命呢？

9月
9

第二次拥抱，
在短信中。

都这么大了，偶尔还要和妈妈一起泡澡。
晚上睡下了，还要跑到枕边来说话。
在妈妈爱子的描述中，女儿明希子是个爱撒娇的孩子。
但是，母女关系中给爱子留下最深刻印象的，
当属明希子展现出不常见的一面的时刻。
那是去年某日，爱子因操劳过度生病住院，
不由号啕大哭。
那时，正巧在身边的明希子，
只是无言地抱住了她。
事后爱子问过女儿那时的心情，
明希子没有多说什么。
但是，那天女儿发来的短信
却很好地传达了自己的心情：
"无论发生什么事，妈妈永远都是我的妈妈。
下次，我用打工赚来的钱请你吃饭哦。"
偶尔让他人看见自己软弱的一面，未必是坏事。
而总是被当作孩子的人，意外地让我们看见了成长。

家·爱·族 / NTT docomo ｜杂志 2017 年　撰稿人：中川英明（电通）

拥抱有各种各样的功效，诸如给人安心感、幸福感，提升亲密度，消除压力，放松等。据说拥抱能刺激副交感神经，从而分泌血清素与多巴胺，前者可以让人心神安定，后者有助于提升注意力和大脑活力。

9月 10

所谓逆风，换个方向看就是顺风。

Tough Man / 乐天本社｜报纸 2010 年　撰稿人：野原博（旭通广告公司）手冢俊平（同前）

当做事进展不顺、错误连连时，不要只是着急，而是思考如何利用这些挫折。改变想法，说不定会意外地找到解决办法。

9月 11

除了网络，最好还有其他畅所欲言的地方。

BAR GLORY 长野｜海报 2013 年　撰稿人：大野政仁（大野政仁事务所）

1900 年 9 月 11 日，东京设置了日本第一处公用电话亭。据说网络普及后，公用电话亭及公共厕所中的涂鸦文字变少了。成年人应该有的成熟态度，是可以不匿名、用自己的身份说出想说的话吧。

9月
12

不成长的人，
是不存在的。

"你不行。"
"别做梦了。"
谁也没有权力这样决定你的人生。
你自己也没有。
因为，只要真心有意愿，就会一点点成长，
人就是这样的生物。

东进补习校 ｜ 海报 2007 年　撰稿人：福井秀明（电通）

9 月 12 日是日本的"宇宙日"。1992 年的这一天，宇航员毛利卫乘坐航天飞机升空。他从小就有想去宇宙的梦想，成为科学家后也没有放弃，终于在 44 岁时实现了这个梦想。

| 9月 |
| 13 |

问题就在于，没有问题意识本身。

违规停自行车警示 / 札幌市｜广告传单 2011 年　撰稿人：池端宏介（IMPROVIDE）

某个区域张贴有"禁止停自行车"标语，却不见停驻的自行车减少。而当标语改成"自行车丢弃点"后，停车数却大幅变少了。这就是人们是否意识到问题与自己相关之间的差距。

9月
14

和你们成为一家人，
真是太好了。

最近我不怎么想跟爸爸说话，
以前倒是经常聊天。
但一聊就会因为意见不合
大吵一架，
最终以既不想听爸爸的意见，
也不想看他的脸收场。
看到他总是为我担心的样子
也很郁闷。
为什么明明不理他，还要
笑嘻嘻地来和我搭话呢？
他认真发火时的模样，
也很令人讨厌。
爸爸却说，做父母就是这样。
爸爸还说，

不是一起生活就是家人，
家人要真心为彼此着想、
为彼此担心，真心地生气。
看到有人开心一家人都开心。
这才是家人。
总有一天我要离家独立，
等自己也有家庭、孩子时，
也许我会理解爸爸的心情吧。
前几天晚饭喝醉了的爸爸说，
越来越觉得，
和你们成为一家人，
真是太好了。

真是个莫名其妙的老头儿。

福井报社 | 报纸 2009 年　撰稿人：古川雅之（电通关西支社）

在对全国 20～79 岁人的一项调查中，认为"最重要的人际关系"是"家人"的，占被调查人的 96.9%。而对"家人重要的职能"一题的回答中，被选择最多、占比 51% 的是"在生活方面可以相互协助"。

9月
15

从什么时候开始成长变为老去了呢?

Domohorn Wrinkle / 再春馆制药所 | 杂志 2013 年　撰稿人：广濑大（电通）钱谷侑

9 月 15 日是日本的"老人日"。英语中有这样的俗语："老去是所有人的必经之路。成长是一部分人的选择。"人的身体成长有极限，但想要改变的心情却没有边界。心灵的成长任何时候都可以。

9月 16

一直如此的话,
从今往后,
也会一直如此。

GABA / 一对一英语会话｜海报 2012 年　撰稿人：下东史明（博报堂）

无论是学英语口语、运动还是减肥，不知道该什么时候开始，于是什么也不做，只会徒增后悔。而一旦开始做了，即便失败，不去后悔而是反省，也会为今后助益。

9月 17

世界上有敬老日的，
只有日本。

养老机构参观会 / 日向站西｜海报 2014 年　撰稿人：盛田真介（电通西日本神户支社）

养老院的广告语。9 月的第三个星期一是日本的"敬老日"。据说起源于 1947 年兵库县举办的以"珍重老人，学习他们的人生智慧"为主题的敬老会。

9月
18

我的兴趣是，和妻子两个人找寻美食。不过基本上没有走着找。（上次体检是什么时候来着？）

奥林巴斯｜报纸 2007 年　撰稿人：山本高史（Kotoba）上田浩和（电通）

人坐着不动时身体也会代谢，产生能量消耗，这就叫作"基础代谢"。基础代谢占人一天中能量消耗的 70%。只是随着年龄增长，基础代谢会变慢，因而上了年纪的人就容易发福，变得难以瘦下去。

9月 19

直率的女性如果表示自己喜欢甜食，就会让人感到很可爱，这也太心机了。

糕点工坊 eclatant｜店卡 2013 年　撰稿人：松冈佐和子（WAZANAKA）

人展示出有反差、让人意外的一面时，魅力往往会倍增。据说甜食有安眠、激发大脑活力、消解压力、让人放松等功效。

9月 20

回老家的人都会懂，
原以为平凡的景色，
如今却用温柔的眼神注视。

长崎巴士 / 长崎汽车 ｜ 海报 2016 年　撰稿人：渡边千佳（电通）

长大以后，再看故乡的景色，会惊异于为何与儿时的记忆如此不同。单纯因为自己长高了呢，还是因为成为大人后眼光不同了呢？9 月 20 日是日本的"巴士日"。

9月
21

波澜不惊的日常,这般理所当然,是谁规定的呢?

东京电业协会｜海报 2013 年　撰稿人:本田守武 (RECRUIT COMMUNICATIONS)

9 月 21 日是联合国设立的"国际和平日",它呼吁全世界各国人民在这一天停止敌对行动。理所当然的和平,不是由他人赋予的,而是靠我们自己创造。

9月 22

『女子』一词再纤细些，就成了『好』。

RENAISSANCE 青砥店｜开店纪念毛巾 2011 年　撰稿人：坂本爱（电通）桃林丰（同前）

与"M → L → LL……接下来需要的 size 是 exercise""俯卧撑，俯卧了一下就没有然后了"等为同一系列的塑形健身房广告。9 月 22 日是日本的"健美日"。9 月也是日本厚生劳动省规定的"促进健康普及月"。

9月
23

佛龛是为活着的人存在的。

佛龛 KOGA ｜海报 2011 年　撰稿人：胜浦雅彦（电通）

另外还有"太迟的孝顺，等于没有"系列广告。9 月 23 日是秋分。和春分一样，这一天昼夜等长。
在日本，秋分是敬拜祖先、追思亡者的日子。

9月 24

想死之时，正是活着的当下。

净土宗 西林寺 | 海报　撰稿人：佐藤司郎

秋分（9月23日左右）和秋分的前后三天，合称为"秋之彼岸"，是供奉祖先及扫墓的时期。佛教中有"彼岸在西"的说法，所以太阳在正西方沉下去的春分及秋分，被认为是"和那个世界最接近的日子"。

9月
25

对可爱的孙子，
背过身去吧。

有时你的背影，也能让孩子学会东西。

闭眼，低头，合掌。
这样的背影美到惊人。
因为这是你想着重要的人，
传达喜悦、感谢时的样子。
虽遥不可及又很坚定，
看起来毫不设防，却又无懈可击。
你小小的背影看起来很高大。
人生道路上，走在前面的人，
对后来者，不应该只是四目相对。

有时候，转过身去，
也能为他们指明道路。
合掌无言的背影，
其实在诉说许多信息。

合掌的身影变多了，
日本的脊背也会愈发伸展。
愿孩子们都能从这日本的背影中，
有所领悟。

HASEGAWA ｜ 报纸 2009 年　撰稿人：大林孝明（tiger tiger creative）

在胸前双手合十叫作"合掌"。合掌是从佛教的诞生地印度传来的。合掌虽然是敬拜佛的基本动作，但对他人合掌，也代表着对那个人的敬意。

| 9月 26 |

见异思迁，或许是秋天的错吧。

TENJIN CORE ｜ 海报 2009 年　撰稿人：笹尾芳敬

商场广告。另有"下周才约会，现在已经在挑衣服了""变得不一样了，是夸人的话吧""若在没有秋天的国度里，我一定还是个孩子"等系列。

9月27

想被人问起
『旅行怎么样』
才买了土特产。

黑门小路 / 名铁·M'ZA ｜ 海报 2014 年　撰稿人：盛田真介（电通西日本神户支社）

据说"土特产"的日语发音，来自"看""送"两个字，意为要认真看仔细挑之后再送给别人。写作"土产"则意味着"当地土地的产物"。9 月 27 日是"世界观光日"。

SEPTEMBER 27

9月
28

厌倦了只有读书和食欲的秋天。

forus｜海报 2007 年　撰稿人：迫田哲也 (organelle)

9 月 28 日是法国女演员碧姬·芭铎的生日。她作为女演员、时尚 icon 闻名世界，40 岁前从电影界引退，私生活方面也因为几次婚姻及恋爱而备受瞩目。真想像讴歌恋爱的碧姬·芭铎那般，在这个秋天尽情恋爱呢。

9月 29

我的一年，居然只在『炎热』与『寒冷』中过去了，开什么玩笑。

对了，去京都吧。／东海旅客铁道｜海报 2010 年　撰稿人：太田惠美

在"炎热"与"寒冷"之间的季节就是秋天。无论事物还是旅行，都会别有味道的这个季节，马上就要到来了。与温暖的春天不同，想象着冬天与年末的情形，带着流连之意度过这个季节，也是秋天独有的特色。

9月
30

认为『学生时代最好』的人生，多少有点寂寞。

MY NAVI ｜ 海报 2013 年　撰稿人：山口广辉（JR 东日本企画）

上了年纪以后，比起聊想做什么，说说"当年我做了什么"更能引起共鸣。追忆往昔固然好，但也应对未来多些快乐的期待。大多数公司会在这一天的第二日举行内定仪式[1]。

1　内定仪式，指为社会新人举行的确定进公司意愿、介绍企业文化的典礼。

所谓逆风，换个方向看就是顺风。

10
OCTOBER

| 10月 |
| 1 |

"发现了"与
"早期发现"天差地别。

只有专门的癌症检查,才能发现"早期癌症"。
能保护你的,只有自己。
请自觉做乳腺癌、子宫癌早期筛查。

癌症诊断 / 铃鹿市 | 海报 2014 年　撰稿人：木下芳夫 石本香绪里

这是宣传乳腺癌的早期发现、早期诊断、早期治疗的"粉红丝带"活动开始的时节。10 月 1 日,很多高层建筑都会闪烁代表这一活动的粉红色。

| 10月 2 |

红色翅膀，
为您做件小事。

大事件惹人注目。小事件往往看不见。
但只要有人陷入困境，就有必要支持，无所谓大小。
因为困境，不会因事情大小有所不同。
红色翅膀今后也将心系那些电视、报纸等媒体看不见的小事，
积极开展活动。

红色翅膀共同募捐｜海报 2016 年　撰稿人：中村祯

每年 10 月 1 日到 12 月 31 日，日本会开展"红色翅膀共同募捐运动"。该组织从第二次活动开始，
便以红色翅膀为标志。1947 年的第一次活动用的是马口铁徽章。

10月
3

为什么看到夕阳，
肚子就饿了呢？

因为

这是秋刀鱼烤到恰到火候时的色泽；

是南瓜煮至热腾腾的雾气；

是舞菇天妇罗炸得脆脆的颜色；

是芋头煮到焦脆的光泽；

是秋茄子到了最美味时节染上的颜色；

是菜饭散发的暖人气味；

是在家人的笑颜中闪耀的酱油的色彩。

kikkoman｜报纸 2012 年　撰稿人：山田尚武（电通）

到了傍晚，太阳光穿过空气的距离，比白天要长得多。这时候因为波长短的蓝光无法传到地面，只能看见余波长长的红光……这就是夕阳。

10月
4

我胸部的肉，
都靠从四周搜罗过来。

Uais｜海报 2010 年　撰稿人：西村麻里

与"不挤也是好胸"为同一系列的美体沙龙广告。10 月 4 日是"天使日"。内衣品牌黛安芬的"天使内衣"累计销售达 1000 万件，故有此纪念日。

10月 5日

希望自己的老师,
是位不说"加油"的名人。

"加油"是大人很容易无意间对孩子说的话。这句话有两个问题:
一是通常并没有具体说到"要加什么油""怎么加油"等。
二是大多数孩子觉得自己已经很努力了,事实上也的确如此。
再也没有什么事比对已经足够努力的孩子说"加油"
更令他们痛苦了。
正因为特别容易脱口而出,
大人才需更加小心防范,不要轻易说出口。
并且要在寻找更合适的说法上不遗余力。
而那些除了说"加油",不知道说什么好的时刻,
希望你能足够温柔地,在前面加个"一起"。

日本教育大学院大学 | 海报 2015 年　撰稿人:谷野荣治 (LIGHT PUBLICITY)

大人无意间的一句话,可能会一直留在孩子的记忆里。10 月 5 日是"世界教师日"。

10月
6

看到日历才想起秋天来了，那就太可惜了。

白银周 [1] 告知 / 鸽子巴士 | 报纸 2015 年　撰稿人：宫田知明（电通）

"鸽子巴士"以鸽子为标志，源于它象征着和平与安全，以及信鸽到达目的地后一定会返回等特性。"鸽子巴士"有很多当日往返、享受秋天大自然及美食的路线。

1　白银周，日本 9 月的连休，一般在 9 月 19—23 日或 9 月 18—22 日。

10月
7

食欲的秋天来了，食欲的『凋零』却不会来。

北海道经济农业协调组合联合会 | 海报　撰稿人：中川裕之（电通北海道）

秋季食欲旺盛，据说是比起夏天，有调节食欲作用的血清素分泌大量增加的缘故。10月7日是"大人减肥日"，在享受美食的同时，也不要忘了过一个运动之秋哦！

> 10月
> 8

这个世界上，有了即便增长脂肪也不会感到高兴的生物。

BEATSTREX ｜ 海报 2013 年　撰稿人：米田惠子

塑形健身房的广告语。1964 年的 10 月 10 日东京奥林匹克开幕，这一天从此成为日本的"体育之日"。自 2000 年起，"体育之日"被定为 10 月的第二个星期二。

10月
9

好的补习班，
会让学校变得有趣。

孩子去了补习班，
如果能学得更好，
在校上课也会变得开心。
孩子的在校时间远远长于在补习班的时间，
希望学校是他们愿意高高兴兴去的地方。
这也是我们的愿望。

福田塾 | 报纸 2007 年　撰稿人：广田聪（电通）

10月9日是日本的"补习班日"。小学生课外学习中，排名第一的是游泳（31.1%），第二是钢琴（19.8%），第三是英语（16.4%），占据第四位的是补习班（14.3%）。随着学年上升，小学生去补习班的比率也在增加（据2016年日本学研教育综合研究所调查）。

给新生的婴儿，
更多新生的体验。

SUN STUDIO OKAYAMA（孕期瑜伽）｜海报 2015 年　撰稿人：米田惠子

另有"这是人生中畅想未来最多的 10 个月"系列。10 月 10 日是日本的"婴儿日"，源自日语中 10 个月的孕期也被称为"十月十日"。

> 10月
> 11

因为是女孩,所以要在十几岁时结婚。

因为是女孩,所以不能去学校。

因为是女孩,所以被施行暴力时不能抱怨。

因为是女孩,有时甚至无法降生于世。

女孩,想哭的时候不能哭,

想笑的时候不能笑,

想生气的时候不能生气。

因为是女孩,所以不知道恋爱是怎么回事就终了一生。

如果,你觉得以上这些说法有问题。

请先了解一下这个世界的问题。

Because I am a Girl (因为我是女孩),

接下来的话语,

让我们用自己的力量来改变。

Plan International Japan ｜张贴画 2012 年　撰稿人:小山淳子

世界上有许多女孩,从幼年时就被迫工作,没有机会接受适龄教育,过早结婚或者生孩子。为保护这些女孩的权益,联合国将 10 月 11 日定为"国际女童日"。

你不是一个人。
在待产的准备过程中,
能更加深刻地懂得这一点。

SUN STUDIO OKAYAMA（孕期瑜伽）｜海报 2015 年　撰稿人：米田惠子

另有"有了值得守护的人,就多少会变得软弱""比起老公,朋友更能帮助你学会做一个母亲"等系列。在一些特定的时期里,身边有同样境遇的人就会更加安心,人生的任何阶段都是如此吧。

10月
13

于爱情而言，行动比言语更重要。

TENJIN CORE ｜海报 2009 年　撰稿人：笹尾芳敬

10 月 13 日是英国首位女首相撒切尔夫人的诞辰。哲学家威廉·詹姆斯说过的一句话，同时也是撒切尔夫人的信条："思考化为言语，言语化为行动，行动成为习惯，习惯形成人格，人格决定命运。"

10月 14

说着想看『今年的红叶』的我，
其实也是想看『今年的自己』的我。

对了，去京都吧。/ 东海旅客铁道 │ 海报 2009 年　撰稿人：太田惠美

10 月 14 日是日本的"铁道日"。1872 年的这一天，日本第一条铁路开始运行。平均时速 32 公里，从新桥到横滨耗时 50 分钟。两年后，又开通了神户到大阪、大阪到京都的铁路。

10月 15

和喜欢的人在故乡的车站下车时，我才有了即将结婚的实感。

吉乃川 | 海报 2015 年　撰稿人：安谷滋元（博报堂）

过去"结纳"（即订婚）指的是媒人在男女双方家之间走动，向对方家赠送订婚用的物品、金器等。
如今，很多人会选择没有中间人的"略式结纳"（简单的订婚仪式），或是在高级餐厅面见双方父母。

10月
16

在下属最终陷入麻烦前，就能成为其商谈的对象，才是真正的上司。

三菱 UFJ NICOS ｜ 海报 2016 年　撰稿人：村田彻（博报堂）

10月16日是"老板日"，这是一个起源于美国的感谢老板的纪念日，是某位女性为纪念自己尊敬的上司的生日（10月16日）而创立的。而这位老板同时也是这名女性的父亲。

10月 17

世界上最像时光机的，大概是卡拉OK了。

卡拉OK吧 随心所欲｜海报 2009年　撰稿人：矢野贵寿（电通关西支社）

小时候梦寐以求的时光机虽没有实现，但我们依然有"回到那时"的机器。10月17日是"卡拉OK文化日"。卡拉OK诞生于20世纪70年代的日本。"KARAOK"这个词语在国外也通用，是值得日本骄傲的发明。

10月 18

常常有人提到黑心企业，
但世上又哪有良心企业呢？
大家都很不容易。

结城顺吉税务事务所 | 海报 2013 年　撰稿人：川上毅

听到"黑心企业"，人们能联想到的通常都是"加班""没有休息""薪水低"等印象，但要说良心企业的话，人们会想到什么呢？这时浮现出的企业印象，可能是对自己想进的公司的理想描摹吧？

10月
19

客人都是上帝。
折扣活动是上帝之间的战争。

SOLARIA PLAZA ｜海报 2010 年　撰稿人：玉川健司

"顾客就是上帝。"这句话，是演歌歌手三波春夫在客人面前说过并得到广泛传播的。他还说过这样的话："演唱时的我，带着仿佛在神前祈祷的心情，不留一丝杂念，心思纯净，因为不如此，便无法将完美的演出带给客人。因此，我是将客人看作神在演唱的。"

10月 20

幸福无法通过购买获得。
但购物行为令人幸福。

Cedyna 信用卡 / Cedyna ｜ 海报 2014 年　撰稿人：佐藤雄介（电通）

某研究结果显示："相比消费物质产品（衣服等），消费全新的体验（如旅行）给人带来的满足感更多，也更持久。"逛街时什么都不买，只是看看也很开心，是因为这个行为本身就构成了"购买经验"吧。旅行总是会留在记忆中也同理。

10月 21

虽然很想听孙子的话,可身体不听我的话。

乐天 GLUCOSAMINE / 乐天健康食品

报纸 2014 年　撰稿人：堀内有为子 (Tokyu Agency)

敬老日过后差不多一个月，10 月的第三个星期天是日本的"孙子日"，意在"祖父母向孙辈传达心里话"。受晚婚趋势影响，祖辈有第一个孙辈的时间也一再被推迟，但也因为高龄化，祖孙间相处的时间变久了。

10月22

人生半数
都在与年龄对抗。

株式会社 CMG 美白皮肤诊所｜海报 2013 年　撰稿人：神户海知代

秋天是红叶满山、果实累累的季节。而"秋风""晚秋""深秋"等词，表达了冬天即将来临之意。听到"人生之秋"，会在感受成熟的同时感受到一丝寂寞，或许也有这个原因吧。

10月 23

我们和好了。甚至比以前还要好。

甘露糖 / 甘露（Kanro） ｜报纸、海报 2016 年　撰稿人：葛西洋介

10 月 23 日左右是霜降。寒冷地域的霜降已经开始了。据说冬天的蔬菜"在霜降之始，为保护自身糖分升高，因而会更甜"。为熬过严峻的状况而获得成长，人与蔬菜看来都是同样的。

> 10月
> 24

放弃,能杀死一个人。

人想改变的事情,或有一两件,或有数百件。
人创造出来的不必受苦的世间智慧,便是放弃。
装作视而不见,或许真的很轻松快乐。
可在我们感到轻松快乐之时,遥远的国度战火连绵,
遭受欺凌的孩子死于自杀,有人酒后驾车撞死了人,
森林因环境改变而毁灭,动物们死去。
人间的放弃,已经够多了。
放弃终结不了任何事,也开启不了任何事。什么都不会改变。
放弃,等于抹杀。

如果想要改变,
真的,想要改变的话,
就会改变。

(比如,改变这个社会。)

株式会社 CMG 美白皮肤诊所 | 海报 2013 年　撰稿人:神户海知代

10 月 24 日是"联合国日"。联合国于 1945 年该日设立,全世界共 193 个国家加入。联合国宪章第一条是"维护国际和平及安全"。看起来理所当然的语言,其中却也有"为维护世界和平与安全,各国都有必要做出改变"这一层意思在。

10月 25

没有做不到的孩子，
只有不努力的孩子。

孩子不努力，
是因为认为自己做不到。
如果感受到能做到的可能性，就能努力。
所以，说声"我知道了"，
努力一次试试吧！

福田塾 | 海报 2012 年　撰稿人：广田聪（电通）

努力奋发时，多与"有想做的事""有擅长的事""有喜欢的人"等相关。三点中占一点，人通常就能积极向前。

10月 26

买哪个好呢？这样犹豫着，两个都买了。

和果子工坊 ECLATANT｜店卡 2013 年　撰稿人：宫保真（WAZANAKA）

该甜点品牌的广告还有"和他人一起吃蛋糕，自己吃蛋糕，都很幸福""祖母、母亲，在蛋糕面前都是女孩子""虽然是我先挑的，但我留下了我觉得你会喜欢的"等系列。

10月27

不是讨厌书的孩子增多了，而是身边没有书的孩子增多了吧。

MIZUHO 工坊｜报纸 2016 年　撰稿人：宫保真（WAZANAKA）西垣强司（同前）

在日本，包括"文化日"（11 月 3 日）在内的两周（10 月 27 日至 11 月 9 日）是读书周。另外，包含"儿童节"（5 月 5 日）在内的两周（4 月 23 日至 5 月 12 日）是儿童读书周。

10月 28

无聊的到底是这世间,还是自己?

数码相机 / 理光｜海报 2010 年　撰稿人：矢步千寻（电通）

真是句想用来追问自己的名言。广告文案，并不只有展现商品及企业这单一用途，有时会成为促进社会进步的流行语，有时读之令人深思，成为改变人思考方式或人生的名言。

10月 29

秋。
想跟身旁的人，说点什么。
却想不出什么动听的话。

这时，先放松吃点美食吧。
然后就可以说"很好吃哦"。

至少让对方知道，
想跟他说说话的这份心情。

很好吃哦。

VIVRE / AEON RETAIL ｜海报 2011 年　撰稿人：三井明子 (旭通)

秋刀鱼、松茸、番薯、栗子……秋季有许多美味的食材。而"美味"一语来自"美"之意。

不动的人,是可靠的人。

在自己和他人看来,这家的长女明香都是个我行我素的人。
而二女儿明音则注重细节,经常会提醒明香注意个人整洁、
收拾房间等。
明香却说"明音的要求太高了",丝毫不把妹妹的提醒放在心上,
颇为有趣。
对从生下来起就没有离开过故土的明音来说,
一个人住、工作卖力的明香是值得尊重的人。
母亲真弓也认为,虽然平时不太见到明香,
但每晚都会收到女儿报告已到家的短信,不会让自己操心。
明香虽我行我素,但分内的事都做得很好。
和家人在一起时,总是任母亲和妹妹热热闹闹地多说话,
有不可动摇的坚强内核。
这份毫不动摇的放心,一定是从母亲和妹妹那里得到的。
虽难以言表,但确实存在。

家·爱·歌 / NTT docomo ｜ 杂志、报纸 2014 年　撰稿人:中川英明(电通)

"mypace"是日式英语词汇,意思是"不受周围环境影响,按照自己的进度、速度行事"。虽然也多
用于负面意义,但"mypace"的人多表里一致、精神强大,是值得依赖的存在。

10月
31

世间的一切，都是我的背影。

forus / AEON RETAIL ｜海报 2012 年　撰稿人：三井明子（旭通广告公司）

10 月 31 日是万圣节前夜。在日本，人们每年都要讨论"今年要装扮成什么"这个话题。万圣节变装来自凯尔特人为除魔戴假面的习俗，并且与基督教的节日"万圣节前夜"有关。

11
NOVEMBER

| 11月
| 1

比起消瘦，
更追求不僵硬的身体。
这才是成熟的大人。

LOURDER 按摩垫 / ATEX ｜海报 2012 年　撰稿人：松川亚纪

另有"揉腰手腕酸，揉手腕肩膀酸"系列广告。11 月 1 日，是日本值得骄傲的吉祥物 Kitty 猫的生日。Kitty 猫生于伦敦郊外，血型 A，体重与 3 个苹果相当。据说，不只是人，猫咪也会身体僵硬。

11月2

读信，懂得了什么样的字，
写得不好看但认真。

日本邮政集团 | 海报 2009 年　撰稿人：富田安则（RECRUIT COMMUNICATIONS）

另有"有越多想说的话，越难以下笔"系列。11月2日是日本的"习字日"。就算写字不好看，只要认真写，也一定会将心意传达给对方。

11月 3

死记硬背会忘记。
领悟到的会留下。

学东西的时候,基础知识很有必要牢记。
可是,不要把背过当作唯一的目标,
因为硬背过的东西一旦用完就会忘记。
或者虽然记住,却不能灵活运用,
这样的情况也常会发生。
那么,如何才能用有意义的方式记住知识呢?
一个关键点或许就是"领悟"。
不只是记忆表面的内容,而是领悟事物的背景,积极运用记住的内容,
这便是超越背诵的"领悟"。
于是,领悟到的全部信息,都成了一把钩子,
能帮你自由地从头脑的抽屉中将信息拿进拿出。

日本教育大学院大学 | 海报 2015 年 撰稿人:谷野荣治(LIGHT PUBLICITY)

11 月 3 日是"文化日",也是手塚治虫的诞辰。他是留下 700 多部作品的漫画之神。据说之所以能创作这么多作品,是因为他将所到之处、留心的绘画和电影等都记在心里,并运用到了作品中。或许手塚治虫是"领悟之神"吧。

英语会议，一旦使用翻译，就成了再普通不过的会议。

CareerCross / C.C.CONSULTING ｜海报 2007 年　撰稿人：田村友洋

另有"进入一流企业了不起，辞掉一流企业的工作更了不起"等系列，都是外企猎头网站使用的文案。如今，号称"3 个月掌握英语会话"之类的培训机构多了起来，外国观光客也在逐年增多，大家都希望至少被问路时能用英文回答吧。

11月
5

地震无法减少。但灾害可以。

绿色安全｜报纸 2010 年　撰稿人：高桥修身

11 月 5 日是日本的"防海啸日"。1854 年的这一天，发生了安政南海地震，因地震海啸等死亡的人数高达数千。在这次事件中，有人点燃稻子照亮黑暗，带领人们避难，救人无数，这一感人事迹被称作"稻村之火"。

11月
6

宽松的衣服，不等于邋遢。

茶花美人 / 乐敦制药｜报纸 2008 年　撰稿人：矢野贵寿（电通关西支社）

和"减肥不坚持就没有意义，这是结论"是同一系列的广告语。另外还有"原来不减肥也会反弹""减肥用品，现在全成了孩子的玩具"等。

| 11月
| 7

喜欢,
不意味着总想在一起。

23区 / ONWARD｜海报 2008 年　撰稿人：三井明子（旭通）

11 月 7 日左右是立冬。在历法上，秋天结束，冬天开始。又想喜欢什么人，又想要自己的时间……
无论多大，人都很任性。

11月 8

比起蟑螂，现在的我更怕法令纹。

do-s 美容外科 ｜ 海报 2014 年　撰稿人：西村麻里

还有"太阳是我的朋友！现在只想对曾经这么胡说八道的自己一顿暴打"等系列。11 月 8 日是日本的"好皮肤日"。皮肤细胞由蛋白质组成，这一时节尤其要注重膳食均衡、皮肤保养，以抵抗冬日的干燥。

| 11月
| 9

与朋友一起会感到安心，与朋友一样却会感到不安。

my nabi ｜海报 2013 年　撰稿人：山口广辉（JR 东日本企画）

这是一条表达人们一起行动会有底气、过于同质化又会动摇的文案。11 月 9 日是生物学家野口英世的诞辰。他是一个让周围的人不禁去琢磨"这个人到底睡觉吗"的人，那般全情投入研究，并曾获诺贝尔奖提名。找到真正想做的事情，就能在好的意义上不再在意他人的看法。

11月 10

不存在『尽量快点』的匠人。

中川政七商店 ｜ 海报 2011 年　撰稿人：石桥凉子（电通）

工作时，有时会追求正确，有时又会追求速度。但不管是哪种情况，一旦有了还是尽快完成的想法，就会变成半吊子。11 月 10 日是"技能日"。这一时期，日本会对知名工匠、手艺人进行表彰。

11月 11

有重要的想法要表达时，或许人们会选择写下来。

在读信声中，人们流泪了。这是婚礼的高潮。新娘在读信。

小时候，也有过这样的时刻呢。

因为父亲的一句话，得到了莫大的鼓励。谢谢您，养育了我。

眼前浮现出，结婚前夜坐在白色信笺前，

稍稍挺直腰背的新娘的身姿。

写什么呢？要表达什么呢？

新娘边思考，边沉浸在与家人的回忆中。

平时因为不好意思而说不出口的话，从笔尖缓缓流出。

父母与子女之间，或许一个眼神就能了然。

但还是想写信。因为要说的，是值得刻进心中的重要言语。

你也是，想对重要的人说重要的话时，

笔，就在你的身边。

百乐文具｜报纸 2012 年　撰稿人：后藤彰久（电通）

11 月 11 日，因为四个 1 字列在一起看着像铅笔，所以在日本被定为"版权日"。可以在社交网站上轻松展现自己的今日，那些用短短的文章就能打动人心的人，或许拥有了不起的技能。

11月
12

你认为『有就好了』的功能，其实可能没有也可以。

MERRY MAKERR ｜ 店头广告 2011 年　撰稿人：晋一郎（北海道博报堂）

与"珍惜过时东西，就是过时的人吗""就算是环保车，几年后也会成为垃圾""那辆车看起来很快呀。不管是开起来，还是消耗速度"等系列同为汽车广告。

11月 13

同居时,更多地了解了他。
准备婚礼时,更多地了解了他的朋友。

Arc en Ciel Group ｜海报　撰稿人：漆畑阳生（CLINT）

两个人之间一点点了解彼此，或许就是喜欢一点点变成爱的过程。10月、11月和春天，是一年中最热门的两大举办婚礼的时期。可能因为这两季气温适宜，又有节庆假日，适合招待远方亲朋。

11月
14

与其知道如何活着不受伤，
更想学会重生的坚强。

KAGURE holist beauty / URBAN RESEARCH
海报 2014 年　撰稿人：小山淳子

还有"人是会老的，要在这个前提下生存""我的年龄，是生存至今的证明"等系列，都是护肤品牌广告。11 月 14 日谐音同"抗衰老日"。

| 11月
| 15

『只要你健康就好了』这话是真的。

为人父母才初次有所体悟。

格力高幼儿饮品 / 格力高乳业 | 杂志 2005 年　撰稿人：石田文子

11 月 15 日是日本的传统节日"七五三节"。过去男孩女孩都会在 3 岁时留头发（名"发置"），5 岁时男童第一次穿袴[1]（名"袴着"），7 岁的女童穿有宽幅腰带的（名"带解"）和服。

1　袴，和服外裙，裙裤。

11月
16

那日的炎炎热情，
已经消逝了吗？

20年前日本获得世界杯参赛资格。那是支就算是想奉承也没法夸厉害的球队。球队的练习环境也算不上好。可是，日本却被那支球队的热情、野心，以及想出战世界杯的渴望点燃了。那些激情货真价实。眼下又如何呢？这几年媒体提到出战世界杯都是一副理所当然的口吻，它真的已经不是遥远的梦了吗？日本真的那么强吗？不，不是这样。世界足球的水准依然高如壁垒。这一点可别搞错了。20年前日本的闯荡劲头去哪里了？无法给世界展示一个高水平的日本，也没有关系。给世界展示一个坚强的日本。不要让世界看到一个冷酷的日本。让世界看到一个即便莽撞也充满参赛欲望的日本。这不是故作姿态的时候。日本，再一次燃烧吧！

阿迪达斯日本JFA｜报纸 2017年　撰稿人：织田高广（TABWA 博报堂）

1997年11月16日，日本在世界杯预选赛上战胜伊朗，首次获得世界杯参赛资格。在那四年前，是与参赛资格失之交臂的"多哈悲剧"。对战伊朗一役的胜利，以获胜之地为名，被命名为"新山狂欢"。

11月 17

世间有不擅长写信的人,
却无不擅长收信的人。

日本邮政集团 | 海报 2009 年　撰稿人:富田安则(RECRUIT COMMUNICATIONS)

11 月 17 日是本田(Honda)的创始人本田宗一郎的诞辰。曾是机械爱好者的他,在看到汽车修理厂的广告后,写求职信前去应征,尽管那并不是一则招聘广告。最终他被录用,在 15 岁开启自己在汽车厂工作的生涯。

| 11月 18 |

人类为何那样渴望生存必需品以外的事物。

秋叶原电脑商店街｜海报 2015 年　撰稿人：佐藤理人（电通）

11 月 18 日是米老鼠的生日。1928 年的这天，米老鼠的出道电影《汽船威利号》公映。第一代米老鼠的配音，由沃尔特·迪士尼担任。电影、游戏、书……衣食住行之外，人生还有许多乐趣。

11月
19

英语老师教给我，love和like的不同。
数学老师教给我，无解的人生问题。
语文老师教给我，表情符号传达情感。
理科老师教给我，哪里能看见最美的星星。
社会老师教给我，战争结束后会有和平。

老师说过的话铭记至今，却没有印在任何教科书上。

美术老师教给我，我有何种天赋。

RECRUIT 升学 / RECRUIT ｜海报 2009 年　撰稿人：富田安则（RECRUIT COMMUNICATIONS）

往往是教科书中没有的那些东西，深留人心。这或许是因为老师们有意愿教授那些"即便书上没有"也想教的知识。11 月 19 日是第十六任美国总统林肯发表其著名演说的日子，他在演说中表示"要使这个民有、民治、民享的政府永世长存"。

NOVEMBER 19

11月
20

孩子们终将
在没有正确答案的社会上生存。

世上没有正确答案的问题有很多。大人都知道这一点。
这是一个因种种原因日趋复杂、日益不确定的时代。
或许现在的孩子们长大成人后,将面临更多没有答案的问题。
担负未来的孩子们,希望他们在解决课业问题之外,有更多的经历,
懂得从不同的观点看待事物,面对没有唯一答案的问题。
要得到属于自己的答案,需在磨炼中找到坚信的道路,并且在这条
路上承担责任走下去。希望孩子们多一些这样的经历。即便是小
事也没关系,有过这些经历的孩子们,终成大人后,会找到通往未
来的道路。

日本教育大学院大学 | 海报 2016 年 撰稿人:谷野荣治(LIGHT PUBLICITY)

社会有时候没有正确答案,有时正确答案会随着时代变迁而改变。"不要只想着解答问题,而要找寻问题""看起来完全无关的问题,却在意外之处与当下相关"。这些话语,是我们成为大人后才意识到的,也想将它们说给孩子们听。

11月
21

一个人是无法生存的。
一个人也能活下去。
这些都是独自生活后学会的事。

HOUSEMATE｜杂志 2010 年　撰稿人：小林麻衣子（POOL inc）

马上就要 12 月了。从 4 月开始独立生活的人，已经过了半年。离开家庭，心境上有哪些变化？有没有什么新的感觉涌现呢？

11月22

看到对方的脸时，总会一不小心就把不说为好的话，说了出来。

无论是在人生道路上已经相伴一路的夫妇，
还是刚刚踏出这一步的青涩的年轻夫妇，
扪心自问，总说过那么一两句多余的话。
虽然有时心里清楚，却还是逞一时之快，
说出了违心的话，并后悔不已。
不过，这也是夫妇间可以无话不谈的证据。
夫妇，或许这样才刚刚好。
但是，在那些你觉得说过头了的夜晚，请一定拿起笔，
写下自己真诚的想法。
"对不起。""谢谢。""我都理解。""我说得太过分了。"
这些羞于说出口的话，
化成文字，或许可以。
人生变长，夫妇相伴的时间也变长。
有时争吵，有时和好，请一直一直
这样幸福下去。

人之所思，写下来，心会相连。

百乐文具｜报纸 2008 年　撰稿人：后藤彰久（电通）

11 月 22 日是日本的"恩爱夫妇日"。询问 1000 对夫妻"夫妻和睦最重要的是什么"的调查结果显示，答案从第一位开始依次是"互相说话、倾听""恰到好处的距离感""相互信赖""用语言表达感谢"（2016 年恩爱夫妻日推进会发布）。

11月23

人生漫长，但还不够你边厌烦边工作。

招募司机 / 富士出租车 | 宣传单 2010 年　撰稿人：日下部浩一（新潟博报堂）

11 月 23 日是日本的"勤劳感谢日"。如今上调退休年龄的企业增多，人生中需要工作的年岁拉长了。与其想着遥远的、可以休息的人生度日，不如享受每天的工作愉快生活吧。

11月 24

可以重新站起来的家伙，比不会倒下的更强大。

TOYOTA NEXT ONE // AUSTRALIA 2014 / 丰田汽车｜海报 2014 年　撰稿人：高崎卓马（电通）

有时候人过于依赖经验行事，一旦失败，接下来就会变得不知道该怎么做才好。"失败后的下一步"比不失败更重要。一旦有好的结果，之前的失败都不再是真正意义上的失败，而成了智慧。

11月
25

别把忍受暴力当成了爱。

紫色丝带运动 / 大阪府 ｜ 海报 2015 年　撰稿人：佐藤朝子（电通关西支社）

11 月 25 日是"国际反家庭暴力日"，标志色是紫色。这段时期，东京塔等标志性建筑会点亮紫色灯光。

11月
26

只有一个人点赞,
或许才是真的赞。

发朋友圈,没有众多点赞,就会不安心。
或许这都是可以轻松与人联络的时代的错。可是,偶尔也会这么想——
比起百余人点赞,更想要一人的赞赏。
想对那一个人传达无法分享的话语。
一个人写下对一个人的思念,文字中满是连文字都无法表达的思绪。
这样得到的回复,一定是无可取代的大写的"赞"。

那么,就让这支笔
成为与某个人联结的工具,写下你只想对那一个人说的话吧。

百乐文具|报纸 2017 年　撰稿人:饭田麻友(电通)

11 月 26 日是日本的"钢笔日"。1935 年的这一天日本国际笔会 [1] 成立。该组织历代成员有:岛崎藤村(第一代)、志贺直哉(第三代)、川端康成(第四代)、远藤周作(第十代)。

1　国际笔会(International PEN,简称 IPEN),又称世界作家协会,是一个世界性的非政治、非政府作家组织,享有联合国教科文组织 A 类地位。宗旨是促进世界各国作家间的友谊与智力合作,无论其政治或观点如何,都为其言论自由而奋斗,并积极保护作家免受政治压迫。

11月 27

早上化妆不如多睡5分钟。

养命酒 / 养命酒酿造｜海报 2010 年　撰稿人：三井明子 (旭通)

还有"本想被夸赞'瘦了呢'，结果却被说'憔悴了呢'""通勤路上，把一天的体力都耗尽了""真想为了休息日的疲劳，休息一下"等系列。人累了就会断断续续打瞌睡呢。

11月 28

他不看我，
所以我要变更美。

TENJIN CORE ｜海报 2009 年　撰稿人：笹尾芳敬

大脑里，有掌管理性的大脑新皮质与掌管瞬间情感与反应的脑垂体。一见钟情，是脑垂体作用下的直觉。之后大脑新皮质会冷静地分析对方的优点，为直觉找到充分的理由，开启恋情。

11月 29

穿在店员身上更好看。这真是太过分了。

Cedyna 信用卡 / Cedyna ｜海报 2014 年　撰稿人：佐藤雄介（电通）

11 月 29 日是日本的"美衣日"。能够彰显人个性的颜色，叫作"个人色"（personal colour）。在挑选衣服时，不仅选择喜欢的，还能考虑个人色的话，或许会发现自己新的一面。

11月30

老师表扬我不轻言放弃。

寺子屋塾 | 海报 2008 年　撰稿人：竹迫千晶

11 月 30 日是英国前首相丘吉尔的诞辰。他在年轻时曾是劣等生，在士官学校的考试中考了三次才终于及格。进入政界后，他也曾多次参选落败，被称为"英国政治史上落选次数最多的议员"。

只有一个人点赞，或许才是真的赞。

12

DECEMBER

12月
1

妈妈们都能去电影院的国度，应该很不错吧。

育儿没有周末，
没有午休，也没有节假日，
就连孩子哭泣的夜晚，也成了妈妈的上班时间。
因为不知道什么时候孩子突然就会闹别扭，
所以无法轻松愉快地出门。
可是，妈妈们也想偶尔去次电影院。
最需要那些或哭或笑或感动的瞬间的，
不正是这些妈妈吗？
需要在电影中培育自己小小的感性的，
不正是这些妈妈吗？
因为她们都做着，最重要的工作呢。

妈妈的剧场 / TOHO 影院｜海报 2010 年　撰稿人：小山淳子

12 月 1 日是日本的"电影日"。TOHO 影院推出了"妈妈的剧场"，创造条件让妈妈们可以和婴幼儿一起享受电影。

12月 2

为不知道送什么而烦恼的时间,
都是在想着收礼之人的时间。

中川政七商店｜海报 2011 年　撰稿人：石桥凉子（电通）

年终岁末是怀着感谢的心情给平日关照自己的人赠送礼物的时节，礼物多在 12 月上旬到 20 日左右送出。在过去，礼物不是寄出去，而是亲自带到对方那里并当面致意。

12月 3

老家的日历上我回家的日期，标着红色加粗的圆圈。

TOKYO SMART DRIVER ｜ 海报 2014 年　撰稿人：林润一郎（ORANGE AND PARTNERS）

2007 年 8 月开始实行的、以减少首都（东京）高速道路事故为目的的教育活动广告。回老家可能是有些麻烦，但对父母来说，这样的日子可是重大节日。只是回家、待在父母身边，就令他们无比高兴。这样想来，便不好再抱怨麻烦了。日本从明治五年的 12 月 3 日开始使用现在的太阳历，因此这一天被定为"年历日"。

| 12月 4 |

时钟,是会获得最多注视的礼物。

LOFT edition / LOFT ｜店头 POP 2016 年

撰稿人：冈本欣也（OKAKIN） 漆畑阳生（CLINT） 武井宏友（OKAKIN） 押布由纪奈（I&SBBDO）

这是筹备圣诞礼物的时节呢。准备礼物，是一件在自己想送的与揣测对方想要的东西间，寻找共同点的辛苦差事。但对收礼物的人的心意越是强烈，准备礼物的时间就会越快乐。

12月 5

崭露头角。
隐藏自己。
到底哪个
更苦呢?

KTC 中央高等学院 | 报纸 2010 年　撰稿人:矢野弘树(三广)

隐藏自己,是痛苦的。崭露头角,也是痛苦的。但是,只要迈出一步,就会渐渐习惯。在打破壁垒的同时逐步成长,也希望成为对自己诚实的人。

12月 6

懂得忘却的人才能前进。

最近的忘年会,感觉都变成了单纯的吃喝聚会了,那么你知道忘年会的起源吗?据说它来自室町时代名为"年忘"的仪式。欧美没有类似的仪式,也没有"忘年会"这个词语,这似乎是日本自古以来独有的习惯。

这种对已逝一年的哀愁很棒不是吗?也能获得新年努力的动力。我认为这种切断过去、重新开始的机会实属难得。将过去的心情了断,然后好好前进,这看起来似乎非常有日本特色,也多少理解了为什么日本人总能向前看。忘记年龄或上下级关系,忘记一年的忧愁,再度确认一下彼此间的伙伴关系。如果这样看待忘年会的话,就会感受到这个词的绝妙之处。忘却很重要。小小的不可名状的惶恐、麻烦、说过的谎、无可挽回的失败、结束的恋情,以及许许多多的其他事情,我们都能忘记。因为只有忘记才能前进。是的,这就是我们的先祖、前辈,为了前进创造出来的必要仪式。忘记,非常重要。今年的忘年会,会不会把要"忘记"这件事也忘了呢?

G-NAVI | 报纸　撰稿人:高崎卓马(电通)

忘年会的起源,据说来自"年忘"仪式,据最古老的相关记载,可追溯到记录室町时代皇族生活的《看闻日记》。看来想在岁末尽情欢腾的心,古往今来都是同样的。

12月
7

写下『暂停』
然后前行。

加贺温泉乡 / 石川县加贺市 ｜ 海报 2015 年　撰稿人：鎌田健作

12 月 7 日是"大雪"，从这时起就是降雪增多的时期。繁忙的年末来了。这时期，即便做事节奏乱了，身体的节奏也不要乱，安排好向前推进与暂停休息的时间。

12月 8

虽有『师走』[1]一语，却全然无意奔忙。

蜂王浆 1000ml / house wellness foods ｜报纸 2009 年　撰稿人：神户海知代

另有"一看到雪人，儿子就叫'爸爸'""工作上迎来开始，身体还睡在正月"等系列。据说"师走"一词来源于这个时期，会有许多和尚（师父）在全国各地为赠送经书奔走。

1　师走，日文中对 12 月的别称。"走"在日文中意为"跑"。

12月 9

42.195 公里。
看起来也像我的理想体重。

跑步补给站 jogsta ｜海报 2012 年　撰稿人：三村惠三（meeting）

火奴鲁鲁马拉松在每年的这个时期举行，在 2007 年出现东京马拉松之前，这似乎是日本人参加最多的马拉松大赛。

12月 10

注意到你小伤口的人。
一定喜欢你。

Oronine H 软膏 / 大塚制药厂｜海报 2009 年　撰稿人：泽边香（torch）

与"认真生活，认真受伤"为同一系列的治伤药广告。广告没有直书产品的功效，而是温柔地写出了受伤人的心情，是让人感到温暖、如同疗愈心灵良药般的广告。12 月 10 日是日本的"人权日"。

12月 11

世上约 1/3 的食物，
只为被丢弃而制造。

凸版印刷｜报纸 2014 年　撰稿人：小泽裕介（电通）

1946 年的这一天，联合国儿童基金会成立，用于募集资金改善孩子们的营养状况、保障饮用水安全等。日本也在 1949 年到 1964 年间得到基金会的支援。

12月
12

只是打磨自己,
优点也会被消磨。

KOHRINBO ATRIO｜海报 2013 年　撰稿人：大久保浩秀（REACH）

位于石川县金泽市的综合商业设施的广告。另有"一看镜子就能展露笑颜,这就是胜利""时尚,是女生身体的一部分""虽想永远都光彩照人,可只有此刻我最动人"等系列。

12月 13

打扫的干劲,来源于工具。

LOFT edition / LOFT｜店头陈列广告 2016 年

撰稿人：冈本欣也（OKAKIN）漆畑阳生（CLINT）武井宏友（OKAKIN）押布由纪奈（I&SBBDO）

大扫除，在过去旧历 12 月 13 日举行的固定仪式中，被叫作"除煤""扫煤"，而不帮忙、逃避干活的行为叫作"逃煤"。

DECEMBER 13

12月
14

在做女人这事上我绝不偷懒。

必须好好工作。
必须变得漂亮。
这些"必须",
我觉得是不是可以省省呢?
好不容易生而为女人,
生而为柔软细腻的生命体,
我想更好地享受它的美好。
想要好好研究

如何化出更加可爱的妆容,
让男朋友心动不已。
想挑战新的时尚,
吓朋友们一跳。
失败了也没关系,
被嘲笑也不要紧,
只要我享受做女人,
这就够了。

Takt / CAP | 杂志 2007 年　撰稿人:寺崎康子

12 月 14 日是英国女演员简·伯金的诞辰,因为有她,才有了当今广受全世界女性欢迎的铂金包。她曾说过这样的话:"一直笑下去吧,你会多 10 年青春。"

12月 15

在这个时代，
还能互换住址，
是贺年卡的功劳。

梅园会｜海报 2015 年　撰稿人：米田惠子

钢笔字练习会的会员招募广告。日本人每年从 12 月 15 日左右开始制作贺年卡片，25 日左右投递，次年 1 月 1 日开始配送。是不是有人小时候能记住朋友家的住址或电话呢？

12月
16

沉默。
不是因为没有想说的话,
而是想说的太多。

P-mate ｜海报 2010 年　撰稿人：笹岛真祐子

1890 年 12 月 16 日，日本首次开通了电话。只连接东京和横滨，加入者也只有 200 人左右。100 年后，手机成了无处不在的事物，再过 100 年会怎样呢？是否会诞生不说话也能交流的方式呢？

12月 17

比起勇气，
告白更需要的，
是酒。

居酒屋暖暖｜海报　撰稿人：川村由贵子

人喝酒后心情变好，是控制理性的大脑新皮质变得迟钝所致，而精神高亢则与掌管本能（冲动、食欲、性欲）的大脑边缘系统被激活有关。

12月 18

人生就是接二连三的选择。
从鸡毛蒜皮的小事，
到能左右一生的大事。

在种种选择里，
我们铸就身，
也铸就心，
铸就了我之所以是我。

各种选择，构成了我。

HARUTA ｜ 海报 2015 年　撰稿人：下川洋平

鞋子品牌的广告。遇到困难的问题时，也许不应该只顾着向前看寻找答案，而应该回头看看，在迄今为止自己走过的足迹中找寻线索，或许也能发现前进的道路。

| 12月 19 |

腿长靠遗传。
体重靠努力。

BEATSTREX | 海报 2013 年　撰稿人：米田惠子

"我可以改变"，不是所有这么想的人都能改变。但是，能改变的都是这样想着并努力过的人。带着强烈的意愿去想是第一步。

12月20

不谈恋爱，也想有心跳的感觉。

橙色文库 / 集英社 ｜ 海报 2013 年　撰稿人：有元沙矢香（电通）

另有"心动越多，人就越有活力""绝妙的台词，配上绝妙的声音，妙不可言"等系列。为书中故事兴奋不已、将自我代入主人公心情的读书时间，会为每天的生活带来活力吧。

| 12月 |
| 21 |

有比圣诞老人还想见的人。

forus ｜海报 2007 年　撰稿人：迫田哲也 (organelle)

圣诞老人的原型，据说是公元 4 世纪小亚细亚（土耳其）的圣·尼古拉斯，他一生接济穷人和孩子。
对你来说，比圣诞老人更想见的人，是谁呢？

12月
22

冬天的女生，就是容易感动。

冬天的早晨，
想为生存本身感动。
想像旅人般为平凡的日常感动。
想为玉米浓汤的颗颗饱满感动。
想为小猫咪的掌心肉球感动。

为和你找到的冬季星座感动。
感动就是这般容易被触发。
因为天气寒冷，
让我们一起，寻找感动吧。
感动也一定，在等着你。

想为等在12月街角谦逊而可爱的灯光、
兔子与熊而感动。
想为今年的种种，感动到
撕下最后一张日历。

earth music & ecology / STRIPE INTERNATIONAL INC.
商品图录及海报（部分使用）2014 年　撰稿人：儿岛令子

12月22日是冬至。在寒冷的空气中，可以清晰地看到包括猎户座在内的冬季大三角[1]美丽闪耀。一年当中夜晚最长的这一天，于晴朗的冬夜多穿点衣服，出去仰望一下星空怎么样？

1　冬季大三角，大犬座的天狼星、小犬座的南河三及猎户座的参宿四所形成的三角形。

12月
23

圣诞节前,或许才是最圣诞节的时期。

lalaport / 三井不动产商业管理 | 海报 2010 年　撰稿人：山口广辉（JR 东日本企画）

说到圣诞节,最先想到的就是用来做圣诞树的冷杉树了。它形似十字架,因而被看作"圣树",因在冬季不落叶,被看作"永恒生命"的象征。这个时期,大街小巷装饰的圣诞树,比平日更能映衬出浮世中人们各自的心情。

12月 24

在这天也有所顾虑的话，
圣诞节就成了平凡的一日。

札幌站综合开发 PASEO ｜海报 2014 年　撰稿人：山口广辉（JR 东日本企画）

圣诞前夜的东京，据说有必然会晴天的特质。在过去的十年间，这一天是晴天的比例为近 90%。难道是上天在向人们传达信息吗——连太阳都成了你的伙伴，如果今天你还不拿出勇气，究竟什么时候才能鼓起勇气？圣诞前夜，指的是耶稣基督诞生的前一晚，"圣夜"同样也是指的这天夜晚。

12月 25

家人。

一起吃饭。

说了好多话的日子。

基本没说上话的日子。

意见冲突。

吵架。

大吵一架。

想得差不多。

今天一起笑了。

和平日一样的早饭。

真心的责骂。

一起哭过。

有时长久沉默不语。

总是担心对方。

拼了命也要保护。

一起生活。

可是,

经历了那么多,

还是感到寂寞呢。

因为不能一直一直抱着你。

父母与儿女总有一天要分离。

然后总有一天,

儿女会有自己的家庭。

生命就一直如此延续。

父母稍稍离得远一点,默默守护。

然后想,

成为家人太好了。

生而为人,太好了。

福井报社 | 报纸 2008 年 撰稿人:古川雅之(电通关西支社)

12 月 25 日是耶稣的诞辰。在欧洲,人们会去教堂礼拜,并举行派对、吃火鸡和蛋糕。这原本就是和家人而不是恋人度过的节日。

喜欢人这事，
是不用教的。

西武百货｜海报 2009 年　撰稿人：门田阳（电通）

喜欢上一个人时，大脑会分泌大量的多巴胺，多巴胺会令人充满活力、不知疲倦。而若想再度体会这种快乐，就会更想见到喜欢的人，这就是恋爱的原理吧。

12月 27

今年没来得及做的事,说白了,明年也不会做。

日本贝立兹 | 海报 2012 年　撰稿人：北田有一（电通）小川祐人（同）

写完一年的日记，叫作"古日记"，也是冬天的一个季节语。趁此时回顾一年，在记事本或日记中写下新一年的目标怎么样？有制定的目标，就能找到前行的道路。

12月 28

恋爱中有三件事最重要，如何相遇、如何分别、如何忘记。

高桥真梨子 *SOIREE* / Victor Entertainment ｜海报 2011 年　撰稿人：小林孝悦

"忘记"一般被认为是缺点，但据说人脑也会有刻意屏蔽痛苦回忆的功能。忘记分别、不行、惨败的能力，有时会成为活下去的能力。

12月 29

看着年底到来时的堵车，会想到，这个国家的人，是如何重视他们的故乡。

TOKYO SMART DRIVE ｜ 海报 2014 年　撰稿人：林润一郎 (orange and partners)

正是返乡高峰期。而返乡并不仅仅意味着回到家乡，还有问父母安好的意思。有时会一回家就和父母吵架……要当心不要让返乡之旅变成真的只是回了趟家乡。

12月
30

「开心」在瞬间消散。
「快乐」会始终留存。

IMS ｜ 海报 2003 年　撰稿人：前田之巳 (FUTURE TEXT)

12 月 30 日是"小晦日"，"大晦日"的前一天。今年过得怎么样？虽然很多事一眨眼就过去了，但若能想起一件快乐的事，或许会成为新一年好的开端呢。

12月 31

若要重生，请趁活着的时候。

AMU PLAZA 长崎 | 海报 2010 年　撰稿人：安恒司

改变，与想改变之间天差地别。但只要踏出"尝试"这一步，就是在改变的证明。人生在世，从地到天的道路可能出乎意料地近。

若要重生，请趁活着的时候。

不幸があるって、
けっこう
幸福だったりして。

真っ昼間から、
『不幸』という名の
ベルギービールに
酔える店。

有不幸在，

或许是件幸福的事。

图书在版编目（CIP）数据

365日创意文案/日本WRITES PUBLISHING 编；尹宁译. -- 长沙：湖南美术出版社，2020.10
ISBN 978-7-5356-9137-8

Ⅰ.①3… Ⅱ.①日…②尹… Ⅲ.①广告-写作 Ⅳ.①F713.8

中国版本图书馆CIP数据核字(2020)第059555号

Mainichi yomitai 365nichi no Koukokucopy
Copyright © 2018 Writes Publishing, Inc.
text and selection by Shinpei Moriyama
Chinese translation rights arranged with Writes Publishing, Inc.
Simplified Chinese edition copyright © 2020 Shanghai Insight Media Co., Ltd.
All rights reserved.

著作权合同登记号：18-2018-211

365日创意文案
365 RI CHUANGYI WENAN

[日] WRITES PUBLISHING 编　尹宁 译

出 版 人	黄　啸
出 品 人	陈　垦
出 品 方	中南出版传媒集团股份有限公司
	上海浦睿文化传播有限公司
	上海市巨鹿路417号705室（200020）
责任编辑	王管坤
责任印制	王　磊
出版发行	湖南美术出版社
	长沙市雨花区东二环一段622号（410016）
网　　址	www.art-press.com
经　　销	湖南省新华书店
印　　刷	深圳市福圣印刷有限公司

开本：787mm×1092mm 1/32　　印张：12.5　　字数：150千字
版次：2020年10月第1版　　　　　印次：2021年7月第5次印刷
书号：ISBN 978-7-5356-9137-8　　定价：88.00元

版权专有，未经本社许可，不得翻印。

如有倒装、破损、少页等印装质量问题，请联系出版社。联系电话：021-60455819

浦睿文化
INSIGHT MEDIA

出 品 人：陈　垦
策 划 人：唐　诗
监　　制：余　西　于　欣
出版统筹：戴　涛
编　　辑：唐　诗
美术编辑：凌　瑛
装帧设计：[日] 宗幸（UMMM）

欢迎出版合作，请邮件联系insight@prshanghai.com
微信公众号：浦睿文化